Signes du Temps:

APERÇUS

Livret

Frank Corless, Ralph Gaskell and Heather Corless

HODDER AND STOUGHTON

LONDON SYDNEY AUCKLAND TORONTO

Acknowledgments

The authors and publishers would like to thank the
following for permission to reproduce extracts:
'Pourquoi sont-ils venus?', 'Pourquoi les a-t-on fait
venir?' and 'Et l'avenir: les renvoyer? les intégrer?' from
La Fin des immigrés by Françoise Gaspard and Claude
Servan-Schreiber, © Editions du Seuil; 'Quelle a été leur
contribution sur le plan économique' and '. . . vers une
société interculturelle' from *Les Immigrés* (Textes et
Documents pour la Classe, No. 322, 12.10.85); extracts
from 'Le bonheur chez soi' by Brigitte Gros, from
L'Express 9.5.77; 'Faut-il partager le chômage?' by
Jacques Lecaillon, from *La Croix* 31.1.79; extracts from
the election manifestos of the following political parties:
Parti Communiste français, Parti Socialiste, Front
National, Union pour la Democratie française; extracts
from *Bretagne 1982*, Chambre Régionale de Commerce
et d'Industrie de Bretagne; extracts from 'Le mort du
loup' and 'Ils ne savent plus où se mettre' from *Terre,
opération survie*, Editions la Farandole/Messidor, 1975;
'125 000 espèces sauvages' from *Le Pouvoir de Vivre*,
March 1981; *Le Nouvel Observateur* for a cartoon by R.
Garel from *Le Nouvel Observateur* No. 1085, 23.8.85;
extract from 'Greenpeace: la tempête' by Noel-Jean
Bergeroux from *L'Express* 27.9.85; extract from
'L'homme qui défie Mitterrand' by Olivier Peretié, from
Le Nouvel Observateur No. 1085, 23.8.85; extracts
from 'La force de frappe' by Jacques Isnard, from *Le
Monde Dimanché*, 21.10.84.

ISBN 0 340 41671 8

First published 1987
Second impression 1988

Copyright © 1987 Frank Corless, Ralph Gaskell and
Heather Corless

Typeset by Tradespools Ltd, Frome, Somerset
Printed in Great Britain for Hodder and Stoughton
Educational, a division of Hodder and Stoughton Ltd,
Mill Road, Dunton Green, Sevenoaks, Kent by St
Edmundsbury Press Ltd, Bury St Edmunds, Suffolk

Contents

   *Numbers in brackets, after the titles of material and transcripts,
     refer to the corresponding units in the text book.*

● In transcripts of sound recordings, brackets are used in the following ways:

   [il]   Word elided or not pronounced clearly
   [= 3 000] Apparent error of fact or of language
   (fera)   Intrusive word, to be ignored
   (sic)   Apparent grammatical error, e.g. wrong gender
   (?)   Sound group difficult to decipher
   (quelques gouttes d'eau aussi)
               Interjection by another speaker while main speaker is talking
   (rires)   Incidental noises

● English equivalents of vocabulary items are not provided in this **Livret**.
  Teachers may find it helpful to provide their students with a short list of
  key words to check before they embark on a new activity.

● Teachers are authorised to photocopy any printed material contained in this
  Livret for use with their students.

STUDENTS' MATERIALS

Une directrice parle de son entreprise (2)

— alors moi ce que je vous disais tout à l'heure
c'était au sujet de Médiavision
donc pour le moment
nous [ne] sommes
én essentiellement _____ __
euh distributeurs de films _____
hein nous n'intervenons pas dans la _____
simplement en tant que _____

— il serait peut-être intéressant pour nos auditeurs
de savoir qui sont les annonceurs
qui font de la publicité au cinéma

— les... _____ qui s'intéressent
et que nous avons principalement sur les écrans
sont en priorité ___ _____
que ce soit _____
que ce soit ____ - ____ Gini Ricqlès
c'est-à-dire le soft drink
et les boissons
ça c'est vraiment euh
l'annonceur qui représente en chiffre d'affaires
le nombre __ ____ _____
pour l'avenir
[il] y a peut-être une _____ _____ au niveau des bières
parce que __ __ _ _____ une loi
sur euh les boissons _____ et l'alcool
qui va être __ ____ ___ celle en France sur euh ___ _____
qui va interdire forme formellement vraiment toute _____ __ _____

— la publicité pour les boissons alcoolisées
est déjà interdite à la télévision n'est-ce pas?

— alors à la télévision déjà ça n'existe pas en boissons alcoolisées
mais __ __ ___ _____ donc la publicité
tous les supports
ça sera _____
alors en ce moment [il] y a un flou artistique
____ __ _____ en profite
puis qu'[il] y a pas d'arrêté euh _____
donc ____ _____ sur ___ _____ en ce moment des films pour Dimple
qui est un whisky
des films pour euh John Daniels
qui est un... excellent whisky _____
euh pour beaucoup de bières
bon [il] y a même un film qui va sortir
pour la collective de la bière
bon mais ça nous pensons que en __ euh

2

ça sera quand même pour nous un
une _____ _____
entre peut-être euh _____ euh . . . _____ ____ ____
au moins
euh de _____ _'_____ à ce niveau-là
le deuxième annonceur important en secteur
c'est tout ce qui est _____
c'est-à-dire
tout ce qui est hygiène _____ parfum
et ça c'est avec __ _____ _____ qui est très important
qui est L'Oréal
la SCAD L'Oréal
alors là ça va aussi bien euh du _____ ____ _____ euh
à la _____ ____ ___ rides euh
à toutes les gammes de parfums
du groupe
hein
donc ça va de Lancôme Trophée-Lancôme
l'Yves Saint Laurent les Chanel les Bourjois
les maquillages
euh . . . donc c'est un secteur qui représente aussi
un _____ très _____
très très important
d'ailleurs _____ __ _____ . . . _____ que vous avez là
je crois qu'en principe
oui je vous les lis
donc euh . . . il est bien
voyez
on __ ____ _____ ___ les boissons _____
_____ - _____ ____ ____ du . . . du chiffre hein
les parfums parfums hygiène _____ ____ ____
et ensuite vient l'habillement
_'_____ vient
avec tout ce qui est jean
sportwear . . . et jean
plus quelques prêt-à-porter euh de marque
euh corsages et cetera
et puis _'_____ également
alors au niveau de tout ce qui est euh
film ___ _____ _ __ ____
qui . . . b sont des films euh bon euh
concernant la __ _____ ___ _____ la confiserie
l la collective du lait
hein [il] y a pas mal euh toute (sic) le groupe
alors moi j'ai un un un groupe très important
qui bouge beaucoup depuis deux ans
qui jusqu'à présent __ _____ ___ __ __ _____
parce que c'était de la _____ euh courante de tous les jours
et nous _____ _____ _ démontrer que
le spectateur en _____ __ _____

était aussi quelqu'un qui _____

c'est pas parce que il fait partie un peu

d'une _____ _____ de la population

que . . . il ne mange pas des pâtes euh

qu'il ne boit pas du café et cetera

et _____ _____ _____ euh

[il] y a donc dans l'alimentation tout le groupe

de la SOPAD

et . . . de la General Foods

qui donc sont des _____ _____ __ _'_____ des campagnes euh

que ce soit Maggi

____ __ _____ tous les cafés euh Nescafé

que ce soit les pâtes

que ce soit euh

euh tout ce qui est produit

[il] y a des _____ _____ qui sont faites

— vous avez dit que le spectateur en salle de cinéma

faisait partie d'une tranche un peu particulière de la population

pouvez-vous définir ce groupe?

— globalement si vous voulez __ _____

on touche relativement ___ _____ _____

coeur de cible ___ - _____ – _____ - _____ ans

vous le verrez dans mon bouquin

mais on peut toucher aussi des gens qui ont euh

par exemple euh

un jour j'ai eu le problème _____ _____ euh

on m'a posé le problème

c'est comme ça que Citroën maintenant fait du . . . du cinéma

pour le gros . . . les grosses voitures

comme la BX et cetera

l'homme __ _____ - _____ ___

en principe si on regarde l'analyse de la population cinéma

l'homme de quarante-neuf ans

bon l'homme y va plus souvent que la femme hein

il va en moyenne euh

un _____ ___ _____ _'___ fois ___ _____

globalement France entière confondue

et en définitive

catégories socio-professionnelles croisées

en cadre sup . . . et en âge

et en habitat important de plus de cent mille habitants

il est très intéressant

et ça a démontré que pour Citroën

pour _____ euh _____ . . . chères

ils _____ _____ __ _____

en complément de presse

A. Les Français et leur télévision (3)

La fréquence et la durée d'écoute

(iii)

Question: regardez-vous la télévision . . .	
tous les jours ou presque?	69%
1 à 4 jours par semaine?	
plus rarement?	
ne se prononcent pas	5

(iv)

Question: regardez-vous effectivement la télévision . . .	
moins de 10h par semaine?	
10h à 19h par semaine?	36%
20h et plus par semaine?	
ne se prononcent pas	1

Le match de l'information

(v)

Question: regardez-vous le journal du soir tous les jours ou presque?	
Oui	64%
Non	

(vi)

Question: laquelle des chaînes du service public . . .	montre la plus grande objectivité?	présente le meilleur journal?
20h 00		27
20h 00	42%	
22h 00	4	
ne se prononcent pas		21

B. Les Français et leur télévision (3)

La fréquence et la durée d'écoute

(iii)

Question: regardez-vous la télévision . . .	
tous les jours ou presque?	
1 à 4 jours par semaine?	21%
plus rarement?	5
ne se prononcent pas	

(iv)

Question: regardez-vous effectivement la télévision . . .	
moins de 10h par semaine?	24%
10h à 19h par semaine?	
20h et plus par semaine?	39
ne se prononcent pas	

Le match de l'information

(v)

Question: regardez-vous le journal du soir tous les jours ou presque?	
Oui	
Non	36%

(vi)

Question: laquelle des chaînes du service public . . .	montre la plus grande objectivité?	présente le meilleur journal?
TF1 20h 00	25%	
20h 00		49
FR3 22h 00		3
ne se prononcent pas	29	

Deux vedettes devant la télé (3)

Question:	Michèle Morgan	Yves Boisset
1	Le midi, je regarde les informations; ça m'intéresse toujours beaucoup. En général je regarde les discussions politiques, j'adore ça.	Moi, je regarde les magazines d'information; c'est ce qu'il y a de mieux fait.
2	En général, j'aime être en robe de chambre ou en chemise de nuit, le plus confortable possible.	N'importe comment. Il m'est même arrivé de la regarder en smoking.
3	La télé par câble et les satellites donneront un éventail d'émissions beaucoup plus large.	A l'avenir, les magnétoscopes révolutionneront nos habitudes télévisuelles. Chacun pourra composer sa propre chaîne.
4	Quand on arrive aux émissions sportives ou économiques, je ne supporte pas, je passe d'une chaîne à l'autre.	Le fait que la télévision cherche à éliminer les vrais problèmes au profit d'émissions d'une vulgarité sans bornes ou d'une inhumanité totale.
5	En l'an 2000? Aérodynamique, avec des lignes beaucoup plus simplifiées.	Ce sera une espèce de mur d'image, un grand écran.
6	J'ai été très frappée par une émission sur les gens ordinaires.	Ce que j'ai trouvé épatant, c'était la rétrospective sur François Truffaut. Ils ont projeté la plupart de ses films.

Des médias pour s'informer...? (4)

— vous lisez un journal tous les jours?

— je n . . . je lis *Le Monde* tous les jours
  euh les journaux les les plus lus
  s . . . ce sont des des journaux régionaux en général
  bon par exemple mes parents lisent *Sud-Ouest*
  j'habite à Pau dans les Pyrénées-Atlantiques
  mais bon vraiment
  moi je trouve que c'est pas du tout du tout intéressant
  euh . . . s [il] y a surtout des faits divers
  euh . . . la rubrique nécrologique aussi
  ben les gens s'intéressent beaucoup aux naissances
  et aux décès qu'il y a eus dans la région
  euh toutes sortes de choses
  comme par exemple s'il va y avoir une coupure de courant
  une coupure d'eau
  bon c'est toujours dans le journal et c'est donc utile
  mais c'est
  enfin moi je trouve ça inintéressant
  les sports aussi
  tout ce qui se rapporte à la vie locale
  en général
  a la priorité
  la politique intérieure de la France
  c'est traité très très superficiellement
  et la politique extérieure euh
  c'est c'est encore pire
  il y a une page grand maximum
  dans *Sud-Ouest* qui lui est consacrée
  je crois que ça vient du fait
  que . . . les journaux locaux les journaux régionaux
  ont le monopole
  euh . . . de la région
  de leur région
  euhm
  en fait ils se sont développés au détriment de leurs rivaux
  qui avaient des problèmes financiers
  ce qui fait que . . . comme ils sont très très lus
  il faut qu'ils plaisent à tout le monde
  s'ils n s'ils veulent garder précisément ce monopole
  et bon pour plaire à tout le monde
  il s'agit de parler de choses pas très très importantes
  mais qui attirent c'est vrai
  les faits divers euh
  enfin le genre bienheureux ça je [sup] pose que ça a un côté amusant
  euh s [il] y a [il] y a très très très peu de gens
  qui qui lisent des journaux nationaux

8

et euhm
par contre [il] y a beaucoup beaucoup de j de journaux régionaux
[il] y en a à peu près soixante-douze
dans toute la France mmhmm
s [il] y a c'est euhm
ça équivaut aux deux tiers des quotidiens vendus en France
ce qui est quand même considérable

— et par contre vous vous lisez un journal national
comment est-ce que vous trouvez *Le Monde* comme journal?

— ah très très intéressant
très très bien documenté
et euh très très objectif
disons que ça présente les faits
et les commentaires viennent après

— donc c'est vraiment un journal qui informe?

— oui tout à fait tout à fait
c'est ce que je trouve très très intéressant
il est certain que
s à première vue il est très rebutant
euh [il] y a de longs articles sans photos
av imprimés en tout petits caractères
avec des phrases souvent assez longues et compliquées
mais vraiment ça vaut la peine de le lire
et d'ailleurs j'ai une petite anecdote
peut-être que je peux vous raconter
j'a l'an dernier je j'avais travaillé euh un an à l'étranger
quand je suis revenue chez moi
comme c'est un tout petit village
pour pouvoir me procurer *Le Monde*
je l'avais retenu par téléphone
et tous les jours j'allais donc le chercher
et je connaissais bien quand j'étais gamine
le monsieur qui tient le le la maison de
le bureau de presse
m lui bien sûr m'avait complètement perdue de vue
et euhm un jour
j'ai pas pu aller chercher moi-même ce ce journal
et c'est mon père qui y a été
et il a réalisé qui j'étais
et il lui a dit «je me demandais bien qui était cette petite jeune fille
qui venait acheter *Le Monde* tous les jours
parce que je ne le vends qu'à des gens du troisième âge»
et je trouve que ça montre vraiment bien l'attitude
des Français à l'égard des journaux nationaux
et notamment du *Monde*

— on a parlé beaucoup récemment de l'affaire Hersant
pouvez-vous nous expliquer ce que c'est que cette affaire?

— oui alors l'affaire Hersant
bon on en a beaucoup parlé récemment
et ça pose vraiment le . . . le problème de
l'objectivité d'une information
le grou le groupe Hersant
a acheté une vingtaine de journaux environ
et on peut vraiment parler de mainmise sur l'information
avec cette histoire-là
parce que Monsieur Hersant est quelqu'un qui censure
enfin ça c'est vraiment une opinion personnelle hein
mais euh bon à mon avis c'est quelqu'un qui censure
tout ce qui . . . ce qui va à l'encontre de ses opinions politiques personnelles
et je trouve que c'est vraiment grave

Deuxième section

— récemment en France
on a augmenté le nombre de chaînes de télévision
et à l'avenir on verra la télévision par satellite
qu'est-ce que vous pensez de cette explosion de la communication?

— euhff pour l'instant je trouve que s
bon c'est sûr on peut parler d'explosion
mais en ce qui concerne la qualité des programmes
et encore une fois le . . . l'objectivité d'information
à mon avis c'est vraiment pas le rêve
pour l'instant
à la télévision française
il y a de plus en plus de . . . de séries américaines
exemple *Dallas Dynastie*
et on a même créé la . . . la même [en] version française
ça s'appelle *Châteauvallon* . . .
euh déjà que la création française est limitée
je trouve que c'est vraiment déplorable hein
de de partir dans cette direction-là
mais je [sup]pose que ce sont des choses bon marché qui rapportent
[il] y a aussi de plus en plus de dessins animés japonais
euh vraiment euh . . . on est sur le déclin
je peux vous citer un certain nombre de chiffres
qui . . . vous allez le voir parlent pour eux-mêmes
par exemple euh
en ce qui concerne le volume d'heures de téléfilms étrangers
sur les trois chaînes de télévision
en 80 il y a eu trois cent quinze heures
et en 84 cinq cent trente-sept heures
par contre
en ce qui concerne le volume d'heures de fiction française
en 80
il y a eu quatre cent soixante-dix-neuf heures
et en 84
quatre cent sept seulement

– qu'est-ce que vous aimeriez voir à la télévision
  si vous aviez le pouvoir de dicter les programmes?

– mais moi j'aimerais bien voir des choses intéressantes
  euh des choses m
  en général quand je regarde la télévision je m'ennuie
  c'est vraiment euh
  quand je m'assieds devant la télévision
  c'est vraiment parce que bon j'ai du temps à perdre
  ou que . . . bon j'ai la flemme de sortir
  et que bon s c'est c'est un moyen de
  de détente entre guillemets facile
  ça ça encourage la passivité
  et euhm au lieu de faire quelque chose d'autre
  de lire par exemple
  bon mais non je reste devant mon mon petit écran
  et je m'ennuie
  bon mais s . . . je voudrais bien mettre fin à ça
  et si on me présentait des choses intéressantes
  et si j'avais vraiment l'impression d'apprendre
  bon ben
  je serais beaucoup plus satisfaite

– donc pour vous la télévision c'est un moyen d'apprendre surtout
  c'est pas un moyen de se divertir

– ah oui absolument mais
  si c'est un moyen aussi de se divertir
  il est certain bon qu'après euh une journée de travail pénible
  quand on est énervé épuisé euh
  qu'on a du mal à penser correct à réfléchir correctement
  bon si c'est il est certain que . . . ça fait plaisir
  mais pas systématiquement
  ce qu'on nous sert en ce moment
  c'est vraiment vraiment se moquer de vous
  [il] y a vraiment absolument rien d'intéressant
  et même ce qui est censé être divertissant
  c'est mauvais

– il n'y a donc aucune émission que vous appréciez?

– je viens de dire que la télévision française
  c'était vraiment ce qu'il y avait de plus nul
  mais en fait
  [il] y a quand même . . . deux émissions
  disons deux oui
  qui sont . . . vraiment intéressantes
  il y a notamment *Apostrophes*
  qui est diffusée sur Antenne Deux
  le vendredi soir
  et euh c'est une émission littéraire
  au cours de laquelle six écrivains

sont invités

et le présentateur Bernard Pivot

leur pose toutes sortes de questions sur leurs livres

et euhm sur leurs motivations

il leur demande aussi des explications très très précises

sur certains passages dans dans leurs livres

et ce qui est très intéressant aussi

c'est que chacun des écrivains présents sur le plateau a lu

les romans écrits par les autres écrivains

ce qui fait qu'ils s peuvent se poser des questions les uns et les autres

et on apprend vraiment toutes sortes de choses

et . . . d'habitude à la fin de l'émission

vraiment j'ai une liste de livres que je cours acheter

euh le lendemain

et vrai vraiment là je peux pas dire que je m'ennuie

au contraire

et l'autre émission

c'est euhm *Droit de Réponse*

ça c'est diffusé sur la première chaîne le samedi soir

maintenant l'horaire a changé et c'est beaucoup plus tard

et je [sup]pose qu'à cause de ça

[il] y a beaucoup moins de gens qui le regardent

c'est c'est c'est fort dommage

parce que ça traite de toutes sortes de sujets

sociaux politiques et cetera

et euh . . . des gens de d'opinions tout à fait opposées

sont invités sur le même plateau

et on peut se faire une idée très très précise

je trouve très très claire

de de tous ces problèmes-là

qui sont débattus

Reflet fidèle de la réalité? (5)

LES STÉRÉOTYPES MASCULINS ET FÉMININS

Stéréotypes masculins	Stéréotypes féminins
émotivité	
décidé – ferme – posé – calme	capricieux – sensible – frivole – émotif – puéril
auto-discipline	
discipliné – franc – discret – organisé – méthodique – goût pour l'organisation	bavard – secret – rusé
degré d'assurance	
goût du risque – indépendant	besoin de se confier – soumis – besoin de plaire
affirmation de soi	
ambitieux – dominateur – besoin de célébrité – sûr de soi – besoin de puissance	faible
agressivité, honnêteté	
goût pour la lutte – combatif – cynique	rusé
dynamisme	
fougueux	passif
matérialisme	
égoïste – matérialiste	curieux
qualités intellectuelles, créativité	
créateur – lucide – goût pour les idées théoriques – objectif – aptitude pour les sciences	intuitif
relations personnelles	
grossier	pudique – doux – besoin d'amour – goût pour la toilette

Les faits essentiels de l'immigration en France (10)

A. Pourquoi sont-ils venus?

Il faut savoir que l'immigration est d'abord une émigration. C'est parce que des hommes décident de partir pour des raisons objectives et souvent douloureuses, c'est parce qu'ils sont obligés de quitter une terre qui ne peut les nourrir, un village surpeuplé, un pays qui ne leur offre guère d'espoir ni d'avenir, qu'ils s'expatrient. Ils partent pour obtenir ce qu'ils n'ont pas trouvé chez eux: du travail et un salaire. Il y a une histoire de l'immigration. Il y en a une autre de l'émigration.

Le système de la «noria» fut d'abord la règle. Les hommes qu'on allait chercher ou qui venaient d'eux-mêmes émigraient pour quelques années, puis se faisaient remplacer par d'autres. Ces hommes jeunes, généralement célibataires, quittaient leur village pour aller travailler en France. Ils vivaient chichement, dans des logements de fortune, parfois dans des foyers de travailleurs. Le temps accompli – un an, deux ans, rarement trois – ils rentraient au pays pour être immédiatement relayés dans le même emploi, et souvent dans le même lit, par un frère, un cousin, un ami.

Ce système du tourniquet a fonctionné une dizaine d'années, entre la fin des années cinquante et la fin des années soixante. Les mouvements de flux et de reflux étaient si importants qu'on avait l'impression qu'ils touchaient l'ensemble de l'immigration.

C'est seulement lorsque des problèmes urbains, scolaires, sociaux nouveaux, liés à une forte concentration d'immigrés, ont surgi dans la région parisienne et ailleurs, que l'on a commencé à s'interroger. D'où sortaient ces gens? Pourquoi y en avait-il toujours davantage? La France, comme ses voisins européens, a découvert avec inquiétude que nombre d'immigrés n'avaient jamais pris leur billet de retour; que des femmes, des familles entières, les avaient rejoints; que d'autres enfants étaient nés ici, dont certains atteignaient déjà l'âge adulte. Au terme d'un processus lent, l'immigration du travail était devenue immigration de peuplement.

B. Pourquoi les a-t-on fait venir?

La situation que nous connaissons en ces années quatre-vingt résulte de l'action passée des pouvoirs publics, qui ont souhaité et organisé la venue des étrangers en France. Et cela, depuis des décennies. En 1945, la création de l'Office national de l'immigration (ONI) a marqué la volonté de recruter à l'extérieur des travailleurs. Leur présence était considérée comme nécessaire, compte tenu de la pénurie de main-d'œuvre. Ce n'est qu'à la fin des années cinquante et jusque dans les années soixante-dix que l'immigration est devenue considérable. Pendant cette période, l'offre de travail n'a fait que croître: l'allongement de la scolarité, le développement spectaculaire du secteur tertiaire, exerçant sur les ouvrières et ouvriers français un attrait irrésistible, ont laissé vacants les emplois trop pénibles, dévalorisés et mal payés. Les immigrés n'ont pas hésité à les occuper.

On a toujours présenté l'introduction de travailleurs étrangers comme un palliatif temporaire à une difficulté d'ordre économique: le manque de main-d'œuvre. Et non pour ce qu'elle était aussi: une immigration de peuplement. Dès 1946, Alfred Sauvy soulignait que «les prévisions sur l'immigration ne doivent pas être calculées d'après les seuls besoins actuels de la reconstruction, mais tenir compte des besoins démographiques». Il estimait alors qu'il manquait à la France près de 5,5 millions d'habitants, dont 2,5 millions d'adultes, pour rétablir l'équilibre de sa population.

La France se trouve aujourd'hui dans une situation que les démographes jugent préoccupante. Le taux de fécondité est, en 1983, et pour la neuvième année consécutive, inférieur au seuil minimal de reproduction des générations. Dans ces conditions, l'installation définitive des immigrés vivant ici apparaît comme une nécessité absolue.

C. Où sont-ils logés?

Ceux qui vivent en célibataires se trouvent en général dans des foyers, dans des hôtels meublés ou – plus rarement – à plusieurs en habitat insalubre. Pour ce qui est des familles, une proportion relativement faible habite toujours dans des cités de transit. Parmi les autres, beaucoup habitent en **HLM** ou dans des cités (**ZUP**). Dans ces deux derniers cas, on a souvent parlé d'un **seuil de tolérance**.

Les couches moyennes de la population française ayant progressivement délaissé les **HLM** (**Habitations à loyer modéré**), les immigrés y ont eu plus facilement accès. Compte tenu de leur nombre élevé d'enfants, surtout chez les Maghrébins, les immigrés connaissent un état fréquent de surpeuplement dans les locaux. La cohabitation Français/immigrés en HLM n'est pas toujours bien acceptée des deux côtés.

Des **ZUP** (**Zones à urbaniser en priorité**) ont été construites à partir de 1960 dans les banlieues des grandes villes pour y loger des populations françaises et immigrées aux faibles revenus: parmi les plus connues, les cités des quartiers nord de Marseille et la cité de Minguettes, à Vénissieux (Lyon). On avait fixé au départ des «seuils» de familles immigrées à ne pas dépasser (10, puis 20%); mais la population française cherchant à fuir ce type d'habitat, on avoisine aujourd'hui un pourcentage de 50% et plus d'immigrés.

Dans les années 50 et 60 est apparue une notion, soi-disant scientifique, dite de **seuil de tolérance**. Elle prétendait qu'un groupe social homogène (par exemple, un groupe de Français) ne pouvait accepter en son sein une proportion supérieure à 10% d'étrangers sans conflits et réactions de rejet. En fait, cette notion est l'expression de l'intolérance du groupe dominant et, de plus, elle est discriminatoire:

«Seront relativement bien tolérés les étrangers européens, plus ou moins bien tolérés les réfugiés d'Asie du Sud-Est, plus ou moins mal tolérés les Noirs d'Afrique ou des Antilles, très mal tolérés les immigrés maghrébins, surtout les Algériens... Cette hiérarchie n'est pas due au hasard, mais à l'histoire des relations interethniques, liée en particulier à l'histoire coloniale de la France.»

D. Quelle a été leur contribution sur le plan économique?

La main-d'œuvre étrangère:
● a permis de pallier la pénurie de main-d'œuvre;

● a occupé les postes de basse qualification tandis que les Français se réservaient les postes de maîtrise et abandonnaient la lutte pour l'amélioration ou la modification des conditions de travail aux postes les plus pénibles;

● a assuré le maintien de certaines petites et moyennes entreprises, incapables de moderniser leur équipement (les hommes remplaçant les machines);

● a économisé les frais des années de formation des jeunes préalables à l'entrée sur le marché du travail, étant donné que le travailleur immigré arrive à l'âge adulte, prêt immédiatement pour l'occupation d'un poste nécessitant, en général, au maximum trois semaines d'initiation.

Par ailleurs, et pendant longtemps, ce même travailleur immigré regagnait souvent son pays d'origine avant l'âge de la retraite, d'où de nouvelles économies pour le pays de travail;

● a procuré aux entreprises une masse ouvrière d'origine rurale, souvent analphabète, sans formation politique ou syndicale, vulnérable en raison de son statut précaire, donc docile jusqu'à une époque récente.

Actuellement, la main-d'œuvre immigrée:
● a rarement bénéficié d'une promotion professionnelle, mis à part les Portugais dans le bâtiment. D'où, après une dizaine d'années au moins de travail non spécialisé, un sentiment chez les immigrés de stagnation;

● est touchée par le chômage à peu près dans la même proportion que la main-d'œuvre nationale pour ce qui est des adultes, mais nettement plus pour ce qui est des jeunes;

● ne ruine pas par son coût social l'apport qu'elle fournit à l'économie française. La main-d'œuvre immigrée est arrivée en France, jeune, en bonne santé. Tous comptes faits, il n'est pas du tout prouvé que la population immigrée accélère la croissance des dépenses hospitalières, même en tenant compte de l'immigration familiale;

● peut encore difficilement être remplacée par la main-d'œuvre nationale. Un rapport officiel (rapport Le Pors) a montré, en 1976, que le départ de 150 000 travailleurs immigrés ne donnerait du travail qu'à 13 000 Français. Ces derniers sont peu disposés à occuper certains emplois encore existants et «délaissés parce qu'ils sont particulièrement durs, malsains, sales, mal payés, sans sécurité pour l'avenir.»

E. Et l'avenir: les renvoyer?

Les immigrés qui vivent aujourd'hui en France y resteront dans leur très grande majorité. Voilà ce qu'il faut que les Français sachent. Espérer obtenir le départ massif et volontaire de ces femmes, de ces hommes, de ces enfants, revient à entretenir une grande, une tragique illusion; vouloir l'organiser par la force conduirait à mettre en œuvre des pratiques impensables aujourd'hui, des pratiques indignes d'une démocratie.

Pour la plupart, les étrangers qui résident en France s'y trouvent depuis de longues années: 70% d'entre eux, depuis plus de 10 ans. Même si l'idée de retour les hante toujours, beaucoup sont désormais installés, pour ne pas dire enracinés chez nous. Leurs amis, leurs amours sont ici. Leurs enfants n'ont pas d'autre pays.

...les intégrer?

Le processus est déjà plus qu'engagé. Il faut aller voir ce qui se passe au centre culturel des Flamands à Marseille, au club de foot de La Courneuve, au sein de l'association Gutenberg de Nanterre. La plupart des filles et des garçons, enfants d'immigrés, y apportent la preuve quotidienne de leur capacité d'intégration. Le club de théâtre, c'est eux; la radio locale, c'est eux; l'encadrement des petits dans le centre de loisirs, c'est encore eux.

Oui, ces jeunes ont une spécificité: ils affirment leur existence en proclamant leur identité. C'est leur manière de nous faire comprendre que leur intégration est moins un problème qui se pose à eux qu'une obligation qui s'impose à nous. Mais ils veulent être reconnus plutôt qu'assimilés.

...vers une société interculturelle?

Pour introduire un vrai débat, solidement argumenté, sur l'immigration, il convient ...de porter à la connaissance des Français des informations exactes sur les conditions de vie et l'expression culturelle des immigrés, sans les enfermer dans la fidélité aux traditions rurales les plus archaïques de leurs pays d'origine.

Les immigrés sont porteurs de richesses culturelles considérables que les Français vont souvent chercher au loin, pendant les vacances, alors qu'elles sont présentes parmi eux. Le pari de l'interculturalisme est de les intégrer à une conception élargie de la société.

Comprendre le racisme (12)

— on a donc passé en revue
 certaines manifestations contemporaines du racisme
 parlons maintenant de ses racines
 on a souvent dit par exemple
 que le racisme a des origines économiques
 qu'il peut se traduire par l'envie ou même la haine
 de ceux qui ont ce qu'on n'a pas soi-même
 un emploi une belle maison des revenus assurés
 c'était le cas par exemple des Juifs en Allemagne
 pendant les années 30
 à une époque où la crise économique sévissait
 pensez-vous que ce côté économique
 explique en partie le racisme actuel
 au lendemain des élections législatives?

— au niveau de la France certainement
 euh si je on se base par exemple sur le le comportement récent
 on a pu noter que les . . . les Français votaient en priorité
 dans les zones touchées par le chômage
 en priorité pour des compor pour les . . . groupes d'extrême droite
 qui v mettaient en avant
 le le racisme avec euh le type de slogan bien connu
 euh «plus on fera partir d'étrangers plus vous aurez de métiers»
 «un chômeur de moins un immigré de moins»
 ce genre de d'image était assez fréquente
 donc effectivement en France
 le racisme est très directement lié à la crise économique

— donc les racines économiques du racisme sont plus ou moins évidentes
 mais le racisme n'a-t-il pas aussi une origine psychologique?

— origine psychologique certainement
 les gens ont sûrement peur de ce qui est différent
 de l'être qui est différent
 soit par sa culture
 par ses croyances
 par la couleur de sa peau tout bonnement
 et certainement que ces facteurs de différence physique
 jouent un rôle au niveau de la psychologie
 peut-être que cette psychologie est tout de même moins marquée
 ou tout de même moins consciente
 dans les motivations des gens dans le racisme

— oui mais quand même
 cette attitude est profondément enracinée
 on pourrait même dire que c'est instinctif
 la peur de quelqu'un qui appartient au village voisin
 qui appartient à une communauté différente

— mm oui bon à ce niveau-là
  on pourrait citer d'ailleurs certaines euh chansons un petit peu satiriques
  faites par des gens comme Georges Brassens
  qui parlait des des «imbéciles heureux qui sont nés quelque part»
  comme pour reprendre le titre d'une chanson
  et qui donc
  rejetaient ces gens donc qui rejetaient l'autre euh
  non plus à ce moment-là l'étranger
  au term [= sens] euh racial du terme
  mais au terme [= sens] effectivement géographique
  celui qui se trouvait à quelques kilomètres
  de l'autre côté du de la rivière
  où il y avait une barrière naturelle

— examinons dans le détail un peu le racisme contemporain
  le racisme des Français
  comment l'expliquer?

— le racisme des Français
  peut-être deux motivations
  de type euh d'une part physique
  peut-être montée en . . . épingle par une certaine presse
  qui a bien voulu euh
  justement suivre le cours des . . . des événements
  le cours des la montée justement de cette violence
  et qui a fait ressortir le côté sécuritaire
  donc le racisme c'était la défense contre le danger
  le danger physique l'agression
  euh on a bien su faire ressortir à une certaine époque
  au [= en] particulier au moment des élections bien évidemment
  où les gens étaient sensibles
  on a bien su donc faire ressortir
  un certain une certaine corrélation
  entre le nombre par exemple d'agressions commises dans un quartier
  et la composition raciale de ces quartiers
  l'autre facteur de racisme
  qui se trouverait peut-être dans une autre . . . classe de la société française
  viendrait plutôt d'un c côté plus économique
  euh le fameux slogan «ils viennent manger notre pain»
  parce que parce que ils viennent en France
  il y a bien sûr bon le côté dont on a parlé tout à l'heure
  le côté euh chômage que l'on paie
  il y a surtout s une euh une autre expression que l'on entend souvent
  il y a surtout l'expression
  «on paie pour tous ces gens-là ça va nous coûter cher»
  c'est-à-dire que la sécurité sociale
  paie les cotisations [= allocations] familiales
  paie les euh les maladies de tous ces gens qui viennent
  et donc qui euh ne cotisent pas
  puisqu'ils ne travaillent pas pour la plupart
  voilà donc une deuxième racine du racisme

— et qui est j'en suis sûr une simplification

— qui est une simplification mais qui est certainement . . . réelle
je crois que beaucoup de gens ont besoin de simplifier
pour se rassurer eux-mêmes

— peut-on dire que le racisme en France prend des formes différentes?
par exemple est-ce que les nègres sont particulièrement visés?

— je ne pense pas que le racisme le plus actif le plus violent
soit envers les nègres ou envers
enfin les nègres qui est déjà un terme raciste
on devrait dire les Noirs
euh ou envers les Juifs
je pense qu'actuellement à l'heure actuelle
le v(?) racisme purulent est essentiellement axé
contre les gens qui viennent des pays du Maghreb
les Maghrébins les Nord-Africains
les Noirs on les voit plutôt d'un côté euh
je dirais l'ancien œil du colonialisme
plutôt paternaliste
euh l'image du Noir c'est «ces gens euh bon
ils sont paresseux ils ne savent pas travailler»
euh c'est plutôt un petit peu un amusement hein
donc effectivement paternaliste
les Juifs une certaine défiance
une certaine jalousie également
un sentiment assez mêlé
bien que je pense qu'à l'heure actuelle
le racisme anti-juif soit beaucoup moins virulent
qu'il n'a été à une certaine époque
donc actuellement
je reviens à mon idée des Maghrébins
c'est eux qui focalisent
quatre-vingt-dix pour cent
si on peut quantifier un petit peu quatre-vingt-dix pour pour cent
du racisme des Français

— comment expliquer ça?

— je crois que ça vient de l'histoire de la France tout simplement
le . . . l les problèmes les plus récents à l'étranger de la France
sont euh axés autour de la guerre d'Algérie
les gens sont encore très sensibles
euh quand ils parlent de la guerre d'Algérie
toute une génération a vécu directement la guerre d'Algérie
cette génération n'est pas du tout
la génération de la seconde guerre mondiale
c'est la génération qui a suivi
donc des gens qui sont encore dans la pleine force de l'âge
qui ont encore pouvoir de décision
qui sont dans les dans les emplois

– oui bien sûr

    mais pour changer un petit peu de perspective

    qu'est-ce qu'on pourrait faire pour combattre le racisme?

    voyez-vous des solutions?

– plusieurs solutions peut-être

    mais qui toutes ont trait à une certaine forme d'éducation envers les gens

    une éducation peut-être qui irait d vers les fondements de l'égalité

    la notion d'égalité

    qu'est-ce que l'égalité?

    il faudrait faire comprendre ça aux gens

    euh l'égalité ce n'est pas seulement euh une uniformité

    c'est aussi le droit à la différence

    première chose que les gens devraient comprendre

    et qu'il faut leur apprendre

    c'est aussi donc euh

    ou ce devrait être en tout cas

    une des bases de l'éducation qu'on apprend

    soit dans chaque matière

    ou dans une matière plus précise qui est l'éducation civique

    autre type de réaction peut-être faire comprendre

    que l'assimilation des cultures n'est pas une solution en soi

    l'assimilation cela veut dire donc uniformité

    peut-être aussi une certaine forme de démolition

    puisque qui dit assimilation dit annihilation complète

    de certaines euh de certains aspects en tout cas d'une culture

    donc cette campagne d'éducation peut-être devrait être très générale

    et toucher peut-être plus à l'heure actuelle les jeunes

    qui n'ont pas encore ce fondement historique

    dont je parlais tout à l'heure

    ces jeunes sont peut-être plus perméables

    à une nouvelle compréhension de la société

    une nouvelle compréhension des rapports humains

– oui d'accord

    il s'agit donc de faire comprendre

    surtout aux jeunes

    que si les autres sont différents de vous

    ils ne sont pas nécessairement inférieurs

    que l'assimilation des cultures minoritaires

    n'est pas une solution en soi

    on pourrait même dire par contre

    que ces cultures différentes enrichissent la société

    en voilà pour les attitudes à encourager

    est-ce qu'il y a aussi des attitudes à changer?

– les attitudes à changer

    je crois que c'est surtout euh le côté intellectuel

    ce côté bloqué qu'ont encore beaucoup de gens

    ce ce côté euh passéiste je dirais

— et pour changer cela il faut commencer à partir de bases objectives
 est-ce que les Français connaissent vraiment les faits de l'immigration?

— là il faudrait reprendre il serait très intéressant de reprendre
 certains débats qui ont eu lieu à la télévision
 euh débats entre . . . euh des journalistes des politiciens
 et en particulier une émission qui s'appelle «L'heure des vérités»
 sur Antenne 2
 un des leaders de l'extrême droite qui s'appelle Jean-Marie Le Pen
 euh on a parlé à cette émi lors de cette émission
 beaucoup des charges de la France
 et on s'apercevait finalement que personne
 n'avait quantifié réellement ces charges
 et que chacun parlait de ce qu'il voulait
 avec des chiffres qui étaient complètement différents
 euh v voire opposés
 et qui ne revêtaient finalement euh
 aucun caractère d'objectivité
 chacun disait exactement ce qu'il voulait

— alors ce qui compte à la limite c'est la bonne volonté hein

— la bonne volonté des gens disons d'un certain âge
 et certainement aussi ce problème de compréhension
 faire comprendre aux plus jeunes ce qui les attend
 puisque le le racisme ne s'arrêtera pas avec une génération
 le danger du racisme
 c'est son renouvellement à travers les la(?) culture
 parents-enfants
 donc il faut arriver à casser à un certain moment
 la transmission du racisme
 et c'est peut-être là le rôle
 un des rôles de l'école

Etre au calme (13)

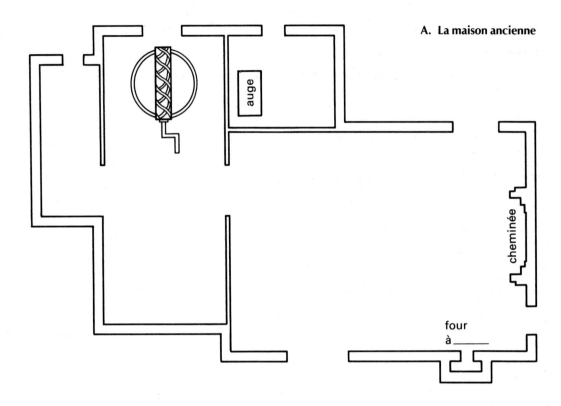

A. La maison ancienne

auge

cheminée

four
à _____

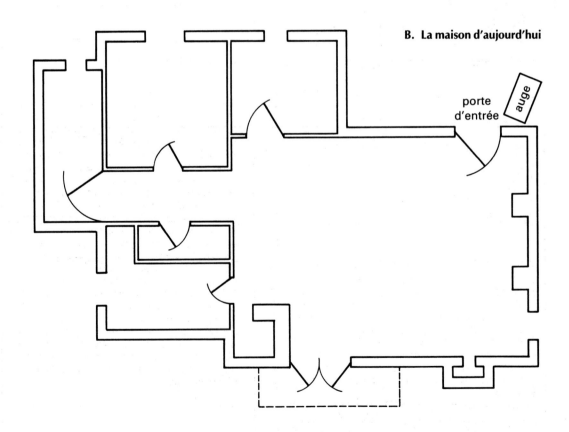

B. La maison d'aujourd'hui

porte
d'entrée

auge

La vie en pavillon (17)

Nouveau village : ensemble de maisons individuelles avec jardins, construit à proximité d'une grande ville - dans les champs, à l'orée d'un bois - par un promoteur.

✓ M. Bruce Karatz est un Américain. Il a un costume trois-pièces, un bureau aux Champs-Elysées et un métier lucratif: il conçoit, construit et vend des «nouveaux villages» aux Français pour le compte d'une grosse société cotée à la Bourse de New York: Kaufman and Broad. Il a commencé en 1969, à Voisins-le-Bretonneux, près de Trappes. Trois cent soixante-deux maisons vendues en six mois. En dix ans, il en a vendu sept mille. Il explique: «*Un couple qui veut se loger va d'abord perdre entre un an et six mois pour chercher une maison ancienne et pour comprendre que ce n'est pas possible parce que c'est trop cher, parce que le crédit est trop cher, etc. Il renonce à faire construire parce qu'il a trop peur des surprises financières, des contretemps, des faillites... Et puis, il arrive au nouveau village. Là, il constate que ce n'est pas plus difficile d'acheter une maison qu'une automobile. Il fait le tour des villages, et il achète.*»

(G. Petitjean, Un certain bonheur...)

La France: pays où l'urbanisation a le plus privilégié tours, automobiles, concentration de la population.
Villes nouvelles:
Gnde Bretagne - 75% de pavillons
France - 36%

On sait depuis 1945, par des sondages répétés, que 80% des Français souhaitent habiter dans des pavillons, et que 20% seulement préfèrent des logements collectifs; or on a longtemps construit 80% de logements collectifs et 20% de pavillons... On leur impose [aux Français] l'anonymat et le gigantisme, quand ils voudraient l'environnement connu, les petites agglomérations, les petites équipes, les petites usines...

(Alain Peyrefitte, Le Mal français)

Evolution de la situation pendant années 70. En 1980, sur 10 logements neufs, 6 maisons individuelles. Mais ⅓ seulement de ces maisons sont dans les nouveaux villages. Danger : LE MITAGE !

✓ «*Le mitage, ce sont des maisons que l'on voit partout, partout. [...] Les terres agricoles disparaissent au rythme de 100 000 hectares par an (dix fois la superficie de Paris). [...] La forêt se parcellise. [...] Le littoral se ferme. [...] La montagne est conquise. [...] Aux alentours des villes et des villages, le paysage urbain n'existe pas, le paysage naturel n'existe plus, c'est la banlieue indéfinie...*»

(Brochure : Ministère de l'Equipement)
Solution : encourager les nouveaux villages ?

Un psychiatre: L'anonymat des tours favorise la violence

On ne vit pas dans une tour comme dans une maison de plain-pied. «La vie au vertical modifie le comportement des gens, explique le Dr Bensoussan, psychiatre. L'être humain naturellement se déplace horizontalement. Pour se déplacer verticalement, il doit avoir recours à des moyens mécaniques comme les ascenseurs. Sa relation avec les autres devient artificielle, il n'y a plus de rencontre. La vie au vertical engendre l'anonymat. Cet anonymat favorise la violence, accrue par les possibilités pour les agresseurs de fuir verticalement. Et en période de violence, tout ce qui est inconnu est vécu comme un danger potentiel. Ainsi, dans les ascenseurs les individus gardent les yeux baissés, comme au couvent ou en prison. Les gens qui ont conçu les tours y ont tout placé: logements, parkings, centre de loisirs, commerces... cet excès de possibilités apparaît à première vue comme un avantage mais en réalité il est vécu comme une cessation des rapports humains. Le sens du rapport c'est l'horizontalité.»

22

Nous avons habité pendant dix ans un appartement dans un grand ensemble de 3 000 logements dans la Seine-St-Denis. Ici, c'est cent fois, mille fois mieux... J'ai le sentiment que mes enfants sont en sécurité ou, tout au moins, qu'ils sont mieux protégés qu'ailleurs des périls qui guettent tout adolescent dans la société perturbée où nous vivons... Moi aussi, de mon côté, je supporte mieux les soucis et les petits tracas quotidiens. Quand ça ne va pas, je vais dans mon jardin, je m'installe dans la chaise longue, et je respire abondamment le bon air.

Irène R., ville-jardin de Roissy

Selon les idées types que véhiculent aujourd'hui les médias sur la relation habitat-bonheur, la maison individuelle est donnée comme la condition actuelle du mieux-vivre, du mieux-respirer. Mais trop souvent elle mange le couple. Elle mange l'argent, le temps et l'énergie. Car une maison, c'est aussi cela: des mensualités souvent trop lourdes, des finitions qui n'en finissent pas, des heures de ce qu'on croyait être du loisir consacrées au bricolage forcé et, bien entendu, au jardin dont on ne saurait jouir s'il n'est pas fleuri, gazonné, tondu...

Michel M., psychiatre

Mennecy, pour nous, ça a été un compromis. Moi, je voulais la campagne, la vraie, mais ma femme a préféré le nouveau village pour s'y sentir moins seule... C'est un peu le village-dortoir ici. Tout le monde part à sept heures le matin et rentre à dix-neuf heures le soir. Moi, je suis professeur dans le sud de Paris. Le vendredi soir, en voiture, il me faut deux heures pour rentrer. Mais comme la plupart des voisins, j'accepte toutes les contraintes pour avoir le plaisir de vivre dans des conditions normales le soir et le weekend... Il y a vraiment un côté campagne ici. Cette année, on a vu passer les oies sauvages.

Claude D., Mennecy

On n'a vraiment pas l'esprit petit-bourgeois dans notre nouveau village. Les gens ont envie de s'adresser la parole. On lie conversation dans la rue, à travers nos jardins qui sont mitoyens. On s'organise... par exemple, à quatre couples, qui ont des moyens financiers aussi limités que les nôtres, on achète en gros, avec un rabais de près de 30%, des graines, des arbustes, une tondeuse à gazon, une grande échelle pour ravaler les façades. Cette échelle, comme on ne l'utilisera guère plus de sept à huit semaines par an, on la prêtera aux autres résidents.

Christian B., Le Bois-Prieur, près de Roissy

Dans le nouveau village, il faut absolument se lier d'amitié avec les voisins parce qu'il serait «invivable» de se fâcher avec eux: le règlement de copropriété interdit les clôtures. Et c'est ce fameux règlement de copropriété qui brise les rêves secrets de tous les néo-villageois en leur interdisant toute culture de persil ou de salade – cela se fait quand même clandestinement, le potager bien caché derrière une haie –, qui leur impose de repeindre éternellement la porte en bleu, de tondre la pelouse tous les quinze jours, de planter des arbres, de ne pas faire sécher de linge le dimanche, etc. Ça brime tout le monde; mais personne ne remet le règlement de copropriété en question: le voisin pourrait se fâcher. Le conformisme vient donc en prime.

Jean-Louis S., ethnologue

J'adore mon pavillon et mon jardin. Ils me prennent du temps et ils me coûtent cher, mais je ne le regrette pas... Mon mari est peintre en bâtiment, son salaire n'est pas très élevé: 50% de ce qu'il gagne par mois passe dans le logement. Alors je suis obligée de compter sou par sou. Les loisirs par exemple sont totalement prohibés: pas de piscine, de restaurant ou de cinéma. Nous passons toutes les vacances d'été ici, sauf quelques jours chez mes parents, à 25 kilomètres... Mon jardin, c'est ma fierté. Si je consacre une demi-heure par jour à mon ménage, c'est bien tout. Mais comme j'aime les fleurs, à la belle saison, je passe tout mon temps à jardiner.

Alice G., Les Hameaux de la Roche, à Ris-Orangis

Ces fameux «villages» n'ont souvent pas de magasin. Lorsqu'il n'y a qu'une voiture, les femmes attendent que leur mari veuille bien les conduire, le samedi, à la grande surface la plus proche pour se ravitailler. La femme me semble en effet la grande perdante de l'histoire, la grande victime de ce leurre collectif. Marmots, boulot, dodo... la question est: voir pousser les pâquerettes, est-ce suffisant pour compenser?

Hélène R., assistante sociale

Quand l'électricité manquait (18)

(1) ventilateurs, ascenseurs, ordinateurs, distributeurs de billets, machines à laver, trains, métro, radio, sont

(2) interminable. On se demandait ce qu'il y avait. Des rumeurs circulaient. On parlait de grève-surprise, de suicide et même d'éboulement. Enfin, au bout d'une demi-heure le chef de train

(3) l'on avait commis une erreur d'aiguillage, raconte un «rescapé» du Versailles-Saint-Lazare. Comme on ne voyait aucun train passer, on a cru à une formidable collision. Cependant au bout d'une heure, deux cheminots nous ont dit

(4) la circulation était difficile et la préfecture de police devait lancer alors toutes ses réserves aux points critiques de la capitale.

(5) des bougies ou des lampes de camping. La lumière était agréable, mais il faisait froid. A l'intérieur, devant des verres de vin, les rescapés de la panne évoquaient leurs mésaventures.

De table en table, sans souci du protocole, on se racontait comment on avait mis quatre heures pour aller de Meaux à Paris, comment, bloqué dans un ascenseur avec cinq autres personnes,

L'histoire de Plogoff : suite et fin (21)

Le nucléaire, seule solution . . .? (22)

ÉCONOMISER SANS SE PRIVER, CELA EST POSSIBLE

De même que l'option du tout-nucléaire implique le choix d'une société de consommateurs passifs, société centralisée, dominée par l'Etat, l'option non-nucléaire implique le choix d'une société décentralisée, beaucoup plus égalitaire, fondée sur la participation active de tous à la lutte contre le gaspillage. Voici, très schématisée, une esquisse des possibilités à la portée de tous dans cette lutte.

Modification des procédés actuels		Résultat
	Meilleure isolation	économie de 40% sur la consommation énergétique actuelle
	Branchement sur le ballon d'eau chaude de la maison	économie de 70%
	Proscription des parois autonettoyantes	économie de 80%
	Recyclage de 250 bouteilles (moyenne annuelle jetée par chaque ménage)	économie de 175 litres de pétrole
	Recyclage de 160 kg (moyenne annuelle par ménage)	économie de 104 litres de pétrole
	Interdiction de circuler en ville	économies de carburant très importantes
	Meilleure isolation, y compris des doubles vitrages	économie d'environ 30% de l'énergie consacrée au chauffage

L'ÉNERGIE VERTE: LA BIOMASSE

On appelle biomasse la masse des végétaux qui constituent un stockage naturel de l'énergie solaire. En effet, les végétaux sont de véritables petites usines qui transforment l'eau et le gaz carbonique en matière organique sous l'action du rayonnement solaire. Depuis l'âge de la pierre, cette matière organique se transforme en énergie par le moyen de la combustion; mais aujourd'hui on est en train de développer des méthodes moins polluantes. La France est particulièrement favorisée dans ce domaine. Elle possède la plus grande forêt d'Europe (le quart du territoire national). En plus, l'activité agricole et la transformation des produits de l'agriculture donnent lieu à un volume important de déchets (surtout paille et fumier) qui peuvent se transformer en ressources énergétiques, comme le montre le schéma qui suit.

LES PRODUITS ÉNERGÉTIQUES DE LA BIOMASSE

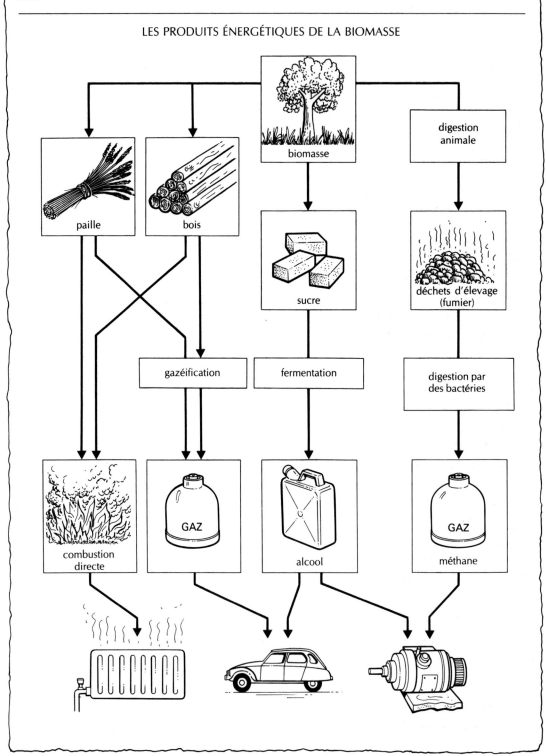

Le point de vue d'un professeur (23)

— dans les textes officiels
   on parle des finalités de l'éducation
   en termes très grandioses
   développer au maximum
   les potentialités de chacun   5
   former des citoyens responsables etc. etc.
   mais comment concilier l'idéal
   et les soucis quotidiens?
   qu'est-ce qui arrive en réalité
   dans les écoles?   10

— ah . . . [il] y a les réalités
   mm des formations
   des programmes
   des examens
   euh le fait aussi que   15
   les élèves
   leurs parents
   euh souhaitent avant tout
   euh que l'école ne soit pas
   un lieu de blablabla   20
   euh où se développent euh
   des grandes idées très généreuses
   euh mais ce qu'ils voient avant tout
   c'est l'échéance euh matérielle
   euh l'examen   25
   la poursuite des études
   et euh ce que ces études
   signifieront ensuite
   au point de vue possibilités d'emploi
   et possibilités de salaire   30
   euh il faut avoir des idées généreuses
   euh mais il faut aussi
   être pragmatique
   et euh sans euh négliger l'un
   par rapport à l'autre   35
   garder les idées généreuses mais aussi
   euh avoir les résultats tangibles
   il me semble

— donc pour être bien pratique
   ce qui compte en réalité   40
   c'est le diplôme en poche?

— oui il est essentiel
   que fera-t-on
   euh d'une bonne formation

euh si ensuite   45
on vous demande un diplôme
et si vous ne l'avez pas?
mm
euh dire j'ai été bien formé
euh j'ai l'esprit ouvert   50
euh je suis généreux
bon citoyen
oui
mais euh un bon citoyen pour quoi faire?
la société en s [il] y a une série de rouages   55
si vous avez une roue
qui ne sert à rien
euh elle va être mise au rancart
et pas insérée dans la machine

— alors vous serez d'accord avec ces gens   60
qui reprochent à l'école d'être trop théorique
de ne pas être assez axée
sur la vie professionnelle
la vie de tous les jours?

— oui euh ce c'est-à-dire   65
le le souci mm t
on veut que l'école soit efficace
mais euh l'efficacité d'aujourd'hui
euh n'est pas la même efficacité qu'hier
vouloir être trop axé   70
sur le pratique de maintenant
risque euh d'être dépassé
euh dans quelques années
et si quelqu'un n'a pas été formé pour
apprendre à apprendre   75
il va avoir des difficultés
et euh on aura
quelqu'un qui aura été bien formé
pour le jour de sa sortie de l'école
et qui peut-être   80
dix ans plus tard
euh sera inemployable
s'il n'a pas su
euh évoluer
et euh l'école euh l'université   85
doit avoir ce double souci
d'efficacité euh de maintenant
et d'efficacité pour demain
l'efficacité pour demain

euh c'est des fois   90
euh imposer peut-être
au niveau des années de formation
euh des . . . aspects qui seront moins pratiques
euh moins orientés sur
euh l'utilisation immédiate   95

— alors d'après ce que vous venez de dire
  deux des éléments essentiels
  d'une bonne éducation
  à part bien sûr la formation spécifique
  seraient la capacité d'apprendre à apprendre   100
  et de savoir évoluer
  garder l'esprit ouvert?

— je le crois
  je le crois

L'enseignement secondaire (24)

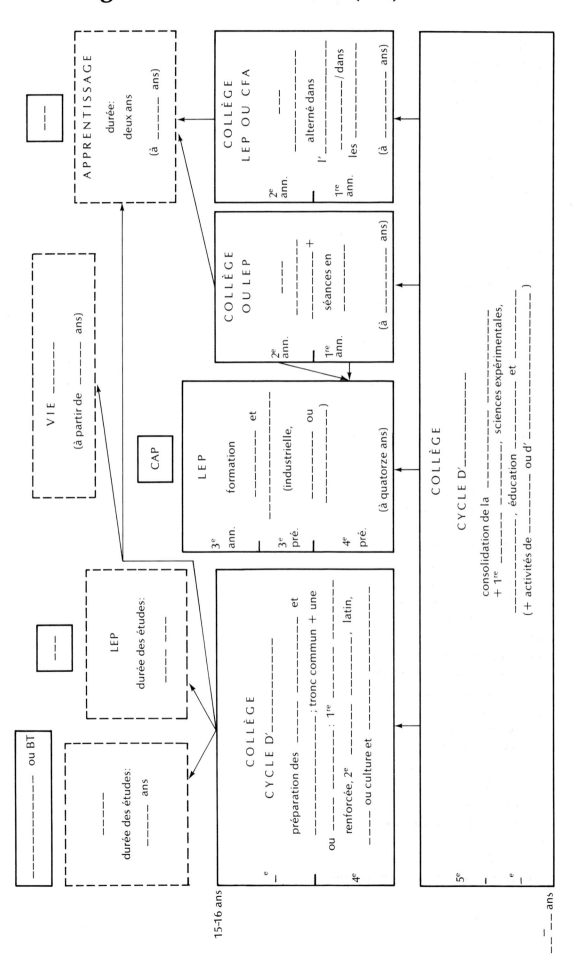

L'école privée (i) (25)

— vous me demandez monsieur
  pourquoi j'ai mis mes enfants
  dans une école privée
  et . . . non pas dans une école publique
  eh bien je je vais vous le dire
  b il y a beaucoup de gens euh
  qui pensent que mettre . . . son enfant
  dans une école privée
  c'est leur donner de bien meilleures chances
  pour leur avenir
  et puis enfin euh
  c'est ce qui compte pour moi quoi
  la la qualité de l'éducation qu'on y dispense
  est est incomparable
  on ne se contente pas euh d'instruire n'est-ce pas
  mais euh on y éduque les enfants
  on leur apprend à être des mm êtres humains euh
  euh tout à fait responsables
  les parents euh savent bien d'autre part
  que c'est dans le privé qu'on trouve
  une atmosphère euh propice à l'étude
  qu'on ne trouve pas dans le public quoi
  euh les enfants
  sont ainsi
  bien mieux suivis
  et . . . la pédagogie employée
  est vraiment . . . efficace
  on les fait travailler quoi enfin
  tout le monde euh tout le monde reconnaît
  qu'au point de vue de la discipline
  euh [il] y a [il] y a vraiment pas
  là [il] y a vraiment pas de comparaison hein
  les écoles privées sont
  sont bien mieux tenues
  il n'y a pas mm ce laisser-aller euh
  qu'on trouve euh souvent euh
  j'allais dire presque toujours
  d'après ce que j'ai entendu dire
  dans les écoles publiques
  et puis alors sur le plan de la morale
  eh ben enfin alors là euh
  [il] y a pas de problème
  [il] y a vraiment aucun problème
  et puis quoi enfin
  quand on dit que
  que l'école publique respecte toutes les tendances

alors (?) moi je dis que
c'est faux hein
c'est que c'est c'est complètement faux
enfin il il est quand même bien connu quoi
que parmi les professeurs
il y en a beaucoup
qui ne font aucun effort
pour cacher leurs tendances politiques
euh comment voulez-vous hein
mais comment voulez-vous
qu'un professeur d'histoire communiste
enseigne l'histoire?
euh et c'est pas les communistes qui manquent
dans les écoles publiques hein
moi euh je . . . réclame la liberté
qu'il que devrait avoir
tout parent
dans une démocratie
de choisir euh lui-même
le mode d'éducation de son enfant

L'école privée (ii) (25)

– vous voulez savoir
  quels sont les reproches
  que je peux adresser à l'école privée
  par rapport à l'école publique
  eh bien euh je vous dirais que
  tout d'abord
  euh l'école publique euh me paraît offrir euh
  des chances égales à à tous les enfants
  euh de quelque milieu qu'ils viennent
  euh et quelles que soient les . . . les les croyances
  ou religieuses ou philosophiques
  de leurs familles
  euh l'école privée
  attire surtout
  les familles euh bourgeoises euh
  que l'on dit bien pensantes
  ou celles qui euh qui aimeraient
  s'introduire dans cette classe sociale
  pour avoir l'impression
  de de de s'élever un petit peu
  elle essaie de créer des élites
  des gens qui penseront bien
  comme il faut
  et elle maintient euh
  dans ces conditions
  les les les barrières qui existent
  entre les les différentes couches sociales
  et puis euh ensuite
  euh je parlerais de de sa prétendue neutralité
  au niveau politique
  parce que . . . on a vite fait de se rendre compte que
  les valeurs qu'elle défend
  sont sont des valeurs de droite
  et de plus et
  ça ça me paraît euh très important
  je trouve dangereux que
  que l'on enferme les enfants
  dans une sorte de de moule
  euh qu'on les conditionne
  au nom d'une euh d'une idéologie euh
  quelle qu'elle soit d'ailleurs hein
  ils les parents ne leur laissent pas
  à ce moment-là
  la possibilité de de de rencontrer
  de de vivre euh à côté de de gens
  ayant d'autres d'autres idées

d'autres croyances qu'eux
et à ce moment-là
de . . . de former euh petit à petit
leurs leurs propres jugements
pour pouvoir faire euh
un choix
dans l'avenir
mais enfin
et surtout
je pense que
le problème euh essentiel
est est masqué hein
par euh l'existence même euh du privé
le problème essentiel
qui est le le besoin de rénover
le . . . le système scolaire
euh au bénéfice euh de tous les enfants

Quel baccalauréat? (26)

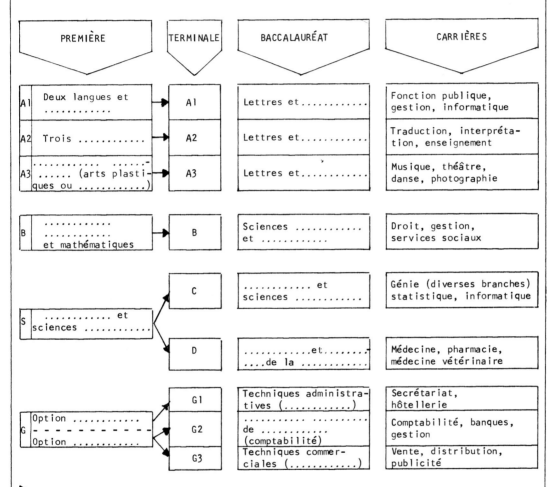

LYCÉE D'ENSEIGNEMENT GÉNÉRAL HENRI-LEGRAND

QUEL BACCALAURÉAT? (26)

► QUE CHOISIR? Vous êtes en seconde de détermination: que faire après? Vous avez suivi cette année une ou des options qui vous ouvrent plusieurs possibilités de choix. Cette fiche doit vous aider à préciser le baccalauréat que vous voulez préparer.

► LES CLASSES ... LES BACS ... LES CARRIÈRES   Voici les différents baccalauréats que nous préparons, série par série (A, B ...) et section par section (A1, A2 ...), ainsi que quelques indications de carrières éventuelles:

PREMIÈRE	TERMINALE	BACCALAURÉAT	CARRIÈRES
A1 Deux langues et	A1	Lettres et............	Fonction publique, gestion, informatique
A2 Trois	A2	Lettres et............	Traduction, interpréta-tion, enseignement
A3 ....-...... (arts plasti-ques ou ....)	A3	Lettres et............	Musique, théâtre, danse, photographie
B .... et mathématiques	B	Sciences .... et	Droit, gestion, services sociaux
S .... et sciences	C	.... et sciences	Génie (diverses branches) statistique, informatique
	D	...........et........- ....de la	Médecine, pharmacie, médecine vétérinaire
G Option .... Option	G1	Techniques administra-tives (...........)	Secrétariat, hôtellerie
	G2	.... de .... (comptabilité)	Comptabilité, banques, gestion
	G3	Techniques commer-ciales (...........)	Vente, distribution, publicité

► LES DISCIPLINES COMMUNES   En première et en terminale, tous les élèves, sauf ceux de G, dont le programme est en partie plus spécialisé, poursuivent leurs études dans les matières suivantes:

français,* ...., .../............, ...1, ... et ....,* ....*En terminale, le français est remplacé par la ....: les épreuves de français - écrite et orale - ont lieu en fin de première. En terminale aussi seuls les élèves de C et D font les sciences physiques et naturelles.

Notez cependant que l'importance de chacune de ces matières variera selon le coefficient qui lui est accordé dans le bac choisi.

► POUR MIEUX VOUS INFORMER   Vous avez discuté les possibilités avec vos parents et vos professeurs? Vous êtes toujours perplexe? Prenez rendez-vous avec Mme Françoise Morel, conseillère d'éducation.

Les champions: dernière image (26)

Le chômage à l'ordre du jour (27)

SONDAGE: LE CHÔMAGE

Lisez les phrases ci-dessous et indiquez votre opinion de la façon suivante:

entièrement d'accord $\boxed{++}$ plutôt pas d'accord $\boxed{-}$

plutôt d'accord $\boxed{+}$ pas du tout d'accord $\boxed{--}$

incertain $\boxed{\bigcirc}$

Le chômage est surtout dû à une augmentation de la population active.

La meilleure solution serait d'inciter les femmes à revenir au foyer.

Le chômage est plus dur pour une personne d'âge mûr que pour un jeune.

Si on renvoyait les immigrés dans leur pays, il y aurait du travail pour tout le monde.

Le chômeur a de la chance; il a le temps de faire ce qu'il veut, de s'épanouir.

Il faudrait que tout le monde soit prêt à gagner moins pour partager le travail.

Nous vivons trop bien; pour combattre le chômage le seul moyen c'est l'austérité.

Le gouvernement doit abaisser l'âge de la retraite, à 55 ans par exemple.

Le chômage est surtout un problème du vingtième siècle.

Les allocations chômage sont trop élevées; on n'a plus besoin de travailler.

Si on ne trouve pas de travail, c'est qu'on ne veut pas se déplacer pour en chercher.

Le chômage est plutôt un problème psychologique qu'un problème matériel.

Il vaut mieux que la machine remplace l'homme pour tout travail répétitif et machinal.

Il faudrait limiter ou interdire l'importation de produits qui concurrencent ceux de notre pays.

Nous devons repenser les objectifs de l'éducation pour préparer les jeunes à la «civilisation des loisirs».

Chômage et alcoolisme en Bretagne (27)

Marie-Yvonne L. actuellement l'_____ et le _____
sont vraiment euh
___ ____ trucs qu'on voit euh
sans _____ sans _____ sans _____

Brigitte W. bon euh il y a ____ __ _____ euh
le _____ souvent __ _____
en général ils [ne] _____ pas
enfin très souvent à la ____ _____
[il] y a le _____ _' _____
qui se greffe _____ dessus
[il] y a les problèmes des _____
qui vivent ____ __ _____ bien
enfin __ _____ encore __ __ ____
qui est là qui _____
enfin ou qui [ne] _____ ___
le _____ d'alcoolisme __ ____
euh les _____ de _____ de l'enfant
les _____ _____
enfin les _____ qui se se enfin vraiment c'est un ensemble hein
dans ces _____ où vraiment il y a un alcoolisme important
on retrouve euh des problèmes _ ____ ___ _____

Marie-Yvonne L. oui mais on __ _____ quelquefois euh

Brigitte W. (pourquoi il y a l'alcoolisme)

Marie-Yvonne L. lequel entraîne l'autre
enfin ce soir là __ _____
d'une euh d'___ ____
qui est vraiment une (mm)
une ____ ____ ____ ____ sur Guingamp
et où le problème euh
est _____ _____ hein
c'est ___ ____ euh
c'est très très _____
c'est vraiment ___ _____ __ _____
et
enfin j'ai été _____ cet après-midi
pour des _____
euh une dame _' _____
pour me dire que les _____ _' __ ____ euh
étaient des _____ abominables
et qu'ils élevaient pas bien leurs _____
et puis
quand je ____ ____ l'autre _____
on me dit ____ ___
c'est elle ___ ____ et qui est _____ le soir
et puis
tout le monde ___ _____ __ s'engueuler joyeusement
et puis pour finir c'est un peu ____ __ ____

Qu'est-ce qu'un chômeur: la composition de l'article (29)

■ Eléments de composition

portraits de chômeurs	☐
anecdotes	☐
descriptions d'un cadre physique	☐
faits divers	☐
questions posées	☐
constatations générales	☐
commentaires	☐

■ Eléments d'analyse

définition du chômage	☐
historique	☐
conjoncture, situation actuelle	☐
secteurs touchés par le chômage	☐
causes du chômage	☐
conséquences matérielles	☐
conséquences morales, psychologiques	☐
conséquences sociales	☐
remèdes	☐
prévisions	☐

■ Techniques de présentation

tableaux, graphiques, etc.	☐
sondages	☐
dessins	☐
photos	☐
texte suivi	☐
documentation officielle	☐

■ Opinions ou témoignages

de chômeurs	☐
d'employeurs	☐
d'autorités, experts	☐
d'enquêteurs	☐
d'individus «moyens»	☐
de rapports officiels	☐

■ Informations sur mesures anti-chômage

indemnisation, etc.	☐
formation professionnelle	☐
création d'emplois	☐
partage du travail (semaine de 35 heures, préretraite, etc.)	☐

■ Recherches et statistiques

démographiques	☐
médicales	☐
sur l'ampleur du chômage	☐
sur l'identité des chômeurs (âge, sexe, origine sociale, etc.)	☐

■ Autres (à préciser)

....
....
....
....
....

La semaine de 35 heures? (30)

UNE RÉDUCTION À LA CARTE

Interview avec Robert Boulin, Ministre du Travail

Croyez-vous que nous allons vers la semaine de trente-cinq heures?

R.B. Ecoutez, évitons le psychodrame: trente-cinq heures pour tout le monde et tout de suite, sans réduction de salaire, c'est un slogan. Parlons donc clairement.

Ou bien vous me dites: ces trente-cinq heures, c'est pour lutter contre le chômage, multiplier les emplois, etc. – et alors vous envisagez de «partager» le chômage, en ne payant évidemment que trente-cinq heures de travail par semaine à chacun. Mais alors, cela revient à diminuer le revenu des travailleurs; et qui le leur demandera? Sûrement pas moi.

Ou bien vous dites: c'est une mesure destinée à améliorer les conditions de travail, à faciliter le travail féminin, à diminuer l'absentéisme, etc. – et je suis d'accord avec vous. Mais alors, il faut conserver les mêmes salaires, le même pouvoir d'achat des travailleurs. Or, dans la conjoncture actuelle – croissance qui tombe, coût des matières premières qui grimpe – les patrons préféreront acheter une machine plus productive, plutôt que d'accroître leurs charges de personnel. Nous tombons là dans un piège, celui du conflit de l'homme et de la machine – un piège qu'à mon avis il faut absolument éviter.

En somme, tout est impossible?

R.B. Je dis qu'il faut arbitrer. Les Allemands viennent de le faire: ils ont signé avec leurs syndicats un pacte de trois ans, pendant lesquels la durée du travail séra diminuée (en augmentant sensiblement les congés payés). Mais en même temps, les salaires ne devront pas dépasser 5% d'augmentation par an, soit un point de plus seulement que l'inflation – qui est actuellement en Allemagne d'un peu moins de 4%.

Seriez-vous favorable à une telle solution pour la France?

R.B. Pourquoi pas? Il faut, bien sûr, l'adapter. Cela dépendra aussi de mes partenaires sociaux, syndicats et patronat.

Avez-vous des propositions concrètes?

R.B. Oui. Je pense d'abord qu'il faut mener la négociation sur tous les plans – au niveau national, branche par branche, mais aussi au niveau des entreprises et même des ateliers. Car il n'existe pas de solution standard.

Faut-il partager le chômage?

(Pierre Drouin, économiste)

La logique de cette notion est en gros la suivante: si la population active occupée est de l'ordre de 20 millions de personnes travaillant en moyenne quarante heures par semaine, une diminution d'une heure de la durée hebdomadaire du travail permet d'embaucher 500 000 chômeurs. Mais chacun sait que cette estimation doit immédiatement faire l'objet d'un grand nombre de corrections complexes, dont le résultat final reste entaché d'incertitude.

D'une part, un emploi de plus ne signifie pas un chômeur de moins; dans une proportion importante, les emplois nouvellement créés sont occupés par des personnes qui n'étaient pas précédemment demandeurs d'emploi; libérer 500 000 emplois, ce n'est donc pas réduire de 500 000 le nombre des chômeurs, mais de deux à trois fois moins seulement. Par exemple, il est probable que si le travail à mi-temps se généralisait dans de nombreuses professions, beaucoup de mères de famille qui ne sont pas inscrites comme demandeurs d'emploi se présenteraient sur le marché du travail.

D'autre part, une réduction de la durée du travail ne crée pas automatiquement un nombre proportionnel d'emplois. Si la réduction s'accompagne d'une augmentation de la productivité, celle-ci permet aux entreprises de maintenir leur volume de production sans ajuster les effectifs employés.

En outre, il n'y a pas toujours concordance entre les caractéristiques des emplois créés et les qualifications professionnelles ou la localisation géographique de la main-d'œuvre disponible. Abaisser sans discrimination la durée légale du travail pourrait aboutir, dans certains emplois hautement qualifiés, comme aux postes de direction qui ne se partagent pas, soit à créer des pénuries de main-d'œuvre qui seraient préjudiciables à la production, soit à recourir au système plus coûteux des heures supplémentaires!

Mais, dans une économie ouverte sur l'extérieur, le problème le plus épineux est celui de l'évolution des coûts salariaux. Dans l'hypothese d'un strict maintien des salaires hebdomadaires pour un travail moins long, c'est-à-dire d'une augmentation des taux de salaires horaires et, par conséquent, des coûts de production et des prix de vente, la concurrence internationale pourrait provoquer une détérioration de la balance commerciale et un ralentissement de l'activité économique; il en résulterait à la fois une poussée inflationniste et une extension du chômage. On a calculé, avec les réserves d'usage, que la réduction d'une heure de la semaine de travail avec maintien intégral des salaires ne se traduirait que par une diminution de 20 000 à 30 000 du nombre des chômeurs et se paierait par une baisse de 2% du taux de croissance et par un surcroît d'inflation de l'ordre de 5%.

La réduction de la durée du travail n'est donc pas un instrument de lutte contre le chômage d'une efficacité assurée.

REFAISONS LE PREMIER MAI

Un entretien avec Michel Rolant l'un des secrétaires nationaux de la CFDT

■**La réduction de la durée du travail est-elle réellement pour vous le meilleur moyen de réduire le chômage?**

M.R. Réduire la durée du travail, pour nous, c'est d'abord réduire la quantité de travail par poste, la pénibilité des tâches, la fatigue et, par conséquent, le nombre des accidents. C'est casser la chaîne, abolir le travail au rendement et, en attendant sa suppression, rendre plus supportable le travail posté et de nuit qui est l'une des principales causes de maladie, de mort et de mésententes.

C'est ensuite diminuer le «temps contraint» et donner à chacun plus de temps libre pour s'occuper de sa famille, de sa maison; pour avoir des amis, participer à la vie de sa commune, etc.

Enfin, c'est libérer les hommes et les femmes de la mutilation qu'est l'actuelle spécialisation de leurs rôles respectifs. On ne voit vraiment pas pourquoi les hommes considéreraient la cuisine comme un travail gratifiant quand elle est faite au restaurant et pas quand elle est faite chez soi; ni pourquoi l'éducation des enfants passerait pour «le plus beau métier du monde» quand elle est faite par des enseignants et que les hommes seraient empêchés de s'en occuper dans leur foyer.

Vous me direz qu'il faudra aussi changer la mentalité des hommes. Bien sûr. Seulement, tout changement suppose du temps pour vivre, pour parler, lire, s'informer.

■**Et la création d'emplois nouveaux dans tout cela?**

M.R. J'y viens. Quand on travaille moins d'heures, on est moins fatigué; donc on est plus productif par heure de travail fourni et on est malade ou accidenté moins souvent. Ces gains de productivité, entre autres gains prévisibles, doivent conduire à la création négociée de nouveaux emplois.

Travailler moins d'heures, être plus nombreux à le faire: ces deux objectifs de lutte sont et doivent être indissolublement liés.

Réduire la durée du travail en créant des emplois nouveaux, c'est finalement, pour l'ensemble de l'économie, augmenter le revenu disponible et accroître la production.

■**Aux Etats-Unis, où l'on est descendu à trente-cinq heures par semaine en moyenne nationale, on assiste au développement spectaculaire de ce qu'on y appelle le «moonshining», c'est-à-dire le fait, pour une même personne, de cumuler deux emplois et deux salaires.**

M.R. C'est un réel problème. Cela fait un siècle qu'on parle dans le mouvement ouvrier du «droit à la paresse» mais, au moment même où l'évolution technique fait de ce droit une possibilité, on découvre que, pour beaucoup de travailleurs, le temps libre est du temps mort, du temps dont ils ne savent que faire.

Quatre points de vue sur la délinquance (32)

Les chiffres cachés de la délinquance

Il a écrit un mot d'adieu d'une simplicité déchirante: *«Faites le maximum pour trouver mes voleurs. Je leur souhaite le même sort.»* Et Michel Cherel, 35 ans, s'est tué, d'un coup de fusil, le 7 janvier, dans son magasin de matériel de jardin pillé, la veille, à Saint-Michel-Tubeuf, dans l'Orne. C'était la cinquième fois depuis 1980 qu'il trouvait, au matin, son commerce entièrement dévasté.

Michel Cherel est un des «héros noirs» de l'insécurité française. Comme ces vieilles dames du dix-huitième ou du quatorzième arrondissements de Paris assassinées pour leurs économies; comme ce boucher lyonnais et son fils de 2 ans gravement blessés pendant leur sommeil, au soir du Jour de l'an, par des voleurs furieux d'avoir trouvé la caisse vide.

Le sentiment d'insécurité est souvent présenté comme irrationnel et incontrôlé. Il se nourrit, en effet, de statistiques controversées, de faits divers rapportés avec plus ou moins de fidélité et des exagérations inhérentes aux rumeurs de toutes sortes. Mais, hélas, le sentiment d'insécurité des Français n'est pas un fantasme. *«La tour du treizième arrondissement où je demeure est très bien surveillée*, explique Michèle, une Parisienne de 38 ans. *Un homme patrouille systématiquement dans les sous-sols avec un chien dressé. Il n'empêche: je ne descends jamais au parking toute seule.»*

La France entière s'inquiète et hausse les épaules quand le gouvernement se félicite et proclame des bilans optimistes marqués par une *«décrue générale de la délinquance».*

Où est la vérité? Ces 10 dernières années crimes et délits ont augmenté annuellement de 10,25% en moyenne, alors que la progression n'a été que de 3,3% l'année dernière (3 681 453 délits). En fait, quelques optimistes politiques présentent comme une diminution de la délinquance ce qui n'est en réalité qu'une diminution de l'augmentation. Seuls 15% à 20% des cambriolages sont suivis d'une arrestation. Est-ce être un obsédé irrationnel de l'insécurité que de percevoir que si «l'augmentation diminue»... cela monte quand même?

Le commencement de la fin? Ce serait trop beau. D'abord, les chiffres pour les six premiers mois de 1985 sont eux-mêmes à peine inférieurs à ceux que l'on enregistrait pour les douze mois de l'année 1973. Où l'on parlait déjà, à l'époque du «temps des voyous». Ce qui indique, en gros, qu'un un peu plus de dix ans la délinquance aurait à peu près doublé. Ensuite, s'il est vrai qu'au total la petite délinquance *répertoriée* a chuté d'une année sur l'autre, il n'en est pas de même pour la grande criminalité, qui, elle, augmente.

Enfin, et surtout, les chiffres ne représentent que les faits constatés, flagrants délits ou enquêtes ouvertes sur plainte. Ils constituent la délinquance officielle.

Mais ils masquent la réalité du fameux «chiffre noir», les chiffres cachés de la délinquance, tous les délits contre lesquels les victimes ne portent pas plainte. Comment s'en étonner? Procédures compliquées, résultats souvent nuls.

Mieux encore: la fameuse main courante des commissariats, ce registre sur lequel les gardiens de la paix notent tout ce que les particuliers viennent déplorer, n'entraîne pas forcément une procédure. Et, bien entendu, la main courante, géographie minutieuse de la petite délinquance, ne ressort pas, elle non plus, dans les statistiques officielles.

Enfin, certaines formes de vandalisme disparaissent complètement des statistiques. Jusqu'à l'an dernier, chaque cabine de téléphone détériorée faisait l'objet d'une plainte. A présent, pour alléger les contentieux, c'est une plainte globale par trimestre que doivent déposer les PTT. Elle peut englober une cinquantaine de cabines...

Il y a loin, on le voit, de la peinture officielle à la réalité. Comme aux Etat-Unis, où l'on se penche depuis longtemps sur le «chiffre noir» de la délinquance. Conscientes du climat détestable que de telles négligences peuvent créer dans le pays, les autorités américaines vont bientôt lancer à la télévision une campagne incitant les citoyens à dénoncer les crimes et les délits dont ils sont les victimes ou les témoins.

Une telle campagne serait-elle possible en France? Pas sûr. Un sondage récent de la RATP révèle, par exemple, que 55% des voyageurs du réseau métropolitain souhaitent «éviter, avant tout, d'être mêlés à quoi que ce soit»; 17% penseraient à «se mettre à l'abri» s'ils étaient les témoins d'une agression; 3% seulement se déclarent prêts à intervenir.

Bref, le véritable bilan de la délinquance en France n'est pas fameux.

Dans de telles conditions, les forces de l'ordre (120 000 policiers et 90 000 gendarmes) n'ont pas très bonne réputation dans le public. On dit que la police, peu motivée, mal formée, pas toujours compétente est plus préoccupée d'intérêts corporatistes que d'opérations sur le terrain. En outre, les public a souvent l'impression qu'on relâche trop vite les malfaiteurs.

Découragement de la police? Laxisme des juges? Crise économique? Montée de la toxicomanie? Déracinement des immigrés? Abandon des valeurs traditionnelles? Chacun y va de son refrain pour désigner les sources du mal.

ANNETTE KAHN
*Avec les correspondants
du «Point» en province*

NOUS AVONS CHOISI D'AGIR

INTERVIEW Janvier 1986

Pierre Joxe, ministre de l'Intérieur socialiste

Tous les ministres de l'Intérieur qui se sont succédé Place Beauvau ont rêvé de réconcilier les citoyens avec leur police. Ils s'y sont tous, peu ou prou, cassé les dents. Pierre Joxe comme les autres. Il aura certes marqué son passage en faisant voter un plan de modernisation de la police. Projet ambitieux de rénovation complète des matériels et des mentalités, véritable opération chirurgicale échelonnée sur dix ans, avec un énorme budget à la clé.

Premiers résultats: la mise en service de 2 731 véhicules légers, l'allocation de près de 16 000 nouvelles armes et 160 opérations immobilières destinées à loger les policiers au cœur des villes, où leur présence quotidienne reste dissuasive. Sans compter un gros effort d'informatisation des services et la création d'une véritable police scientifique, confiée à un policier de choc, Jacques Genthial.

Le Point: Le sentiment d'insécurité reste très vif dans l'opinion. Beaucoup de Français accusent le gouvernement de laxisme. Que leur répondez-vous?

Pierre Joxe: Je suis ministre de l'Intérieur depuis un an et demi. Et je constate que ces accusations sont beaucoup moins fréquentes. Nous assistons, dans le domaine de la délinquance, à une amélioration globale succédant à une détérioration qui a duré plus de dix ans.

Q: Vous savez bien que vos statistiques sont discutables, et d'ailleurs discutées.

R: Elles sont bâties sur le même modèle depuis le début des années soixante-dix! Elles ont donc la même fiabilité. Les gens ont d'ailleurs les mêmes raisons d'aller déposer des plaintes s'ils veulent se faire rembourser par les assurances. Les chiffres – qui ne sont pas mes chiffres – sont formels: 1984 a été une année de stabilisation pour la France entière: 1985 aura été la première année, depuis quinze ans, où l'on a constaté une diminution.

Q: Comment expliquez-vous, alors, que le sentiment d'insécurité persiste?

R: Quand la délinquance s'est mise à augmenter fortement il y a une quinzaine d'années, le sentiment d'insécurité a mis un moment à se manifester. De même, il y a un décalage entre l'amélioration actuelle et sa perception par le public. Mais cette perception va s'accentuer.

D'autant que l'on va faire de plus en plus d'efforts sur les secteurs où il n'y a pas eu de diminution, en particulier le grand banditisme et la drogue. Il reste, bien entendu, des disparités régionales.

Q: Quels sont les grands principes de votre politique?

R: Il faut d'abord une action de prévention de tous les services publics, avec tous les élus. En même temps, il faut agir sur les moyens de la police. Prenez l'exemple de la Seine-Saint-Denis. La concentration des moyens de la police et l'action d'élus qui ont joué le jeu de la prévention ont donné des résultats: baisse de la délinquance et accroissement du taux d'élucidation des affaires.

Q: L'opposition n'a pas voté en faveur de votre plan de modernisation de la police. Elle vous reproche de ne vous préoccuper que du matériel, pas des hommes.

R: Cela n'a pas de sens. N'est-ce pas se préoccuper des hommes que de leur donner des moyens de transport qui leur permettent de se déplacer au lieu de tomber en panne? Et l'introduction de l'informatique, qui leur fait gagner tellement de temps? J'ai exigé en outre que l'on cesse d'utiliser les policiers à des tâches extrapolicières, comme porter des plis. Nous améliorons leur formation, ce qui conduit à augmenter leur capacité d'intervention.

Q: Va-t-on voir enfin davantage de policiers dans les rues?

R: On en voit déjà davantage! Et ils sont plus mobiles. L'îlotage était un terme de colloque il y a cinq ans. Il est aujourd'hui pratiqué dans plus de soixante départements. Le pourcentage de policiers par rapport à la population est plus élevé en France que dans beaucoup d'autres pays. En revanche, nous étions un des pays d'Europe où la police était le plus négligée, et le moins bien équipée.

Q: Est-ce qu'elle travaille assez?

R: Maintenant qu'elle peut travailler mieux, elle peut travailler plus. Son délabrement pouvait, jusqu'à présent, servir d'excuse. Maintenant, avec des crédits qui augmentent globalement de 50%, et parfois de 100% pour l'aménagement des commissariats, on peut exiger davantage des policiers.

L'insécurité, cela s'exploite ou cela se traite. Nous, nous avons choisi d'agir.

━━━━━ INTERVIEW

Les vide-goussets du métro

Il y a moins de violences dans le métro qu'on ne veut le faire croire. Mais énormément de vols.

●Barbès. Samedi soir. 22 h 50. Une rame s'immobilise devant le quai de la ligne n° 2. Le jeune homme ouvre la portière. Il grimpe dans le wagon, obstruant l'entrée et gênant ouvertement la montée de la touriste allemande qui est juste derrière lui. C'est le moment. Son complice glisse une main dans le sac de la fille et, d'un geste vif, en retire un portefeuille. Le jeu n'a pas duré trois secondes. Le signal retentit, le premier voleur redescend sur le quai nonchalamment, les portes claquent et la jeune Allemande part, seule. Les deux vide-goussets sont déjà assis sur un banc à dépouiller leur butin, quand Yves, Pierre et Louis, trois des 265 hommes de la Compagnie centrale de sécurité du métro (C.c.s.m.), leur tombent dessus. «Police! Pas un geste.»

Pour 300 Francs et quelques dizaines de marks, ceux-là vont s'offrir une sieste prolongée à la prison de Fleury-Mérogis: au tarif actuel, un flagrant délit de vol à la tire coûte, selon l'humeur du juge, entre quinze et dix-huit mois. Et, chose plutôt rare, c'est à peine si les deux petits brigands ont tenté de nier. Le plus souvent, le «tireur» prend des airs offusqués, genre: «Vous êtes fêlés ou quoi? J'ai rien fait. Le portefeuille, on me l'a glissé dans la poche!», quand il ne tente pas, carrément, le tout pour le tout, un dégagement en force.

Samedi, donc, l'affaire aura été rondement menée. Les trois «filochards» passent les menottes aux petits tireurs, deux jeunes Arabes, et entreprennent de les fouiller. Dans la poche de chacun d'eux, ils trouvent une dose d'héroïne, du «brown sugar». «Plus de la moitié des voleurs à la tire sont toxicos», explique Yves.

Métro Pigalle. Six aigrefins sont pris en «flag». S'ensuit une rapide échauffourée. La lutte est inégale. Les portefeuilles passent de main en main jusqu'à deux des tireurs, qui parviennent à s'enfuir. Un autre balance un solide coup de pied à Yves et tente à son tour de s'échapper. Sortant de sa passivité, le groupe de voyageurs qui assiste à la scène se met à insulter les policiers.

Deux faits jouent contre les hommes du C.c.s.m. D'abord, rien dans leur tenue ne les distingue des voyous. Stratégie policière oblige, ils se ressemblent. Et puis les portefeuilles – objets du délit – ont disparu. Les policiers relâchent les quatre tireurs. Furieux. «Passe encore que les gens ne nous prêtent pas main forte, explique Pierre. Mais au moins qu'ils nous laissent agir.» Désabusé, Louis ajoute: «Leur attitude est aberrante. La plupart du temps, ils refusent de porter plainte contre leur agresseur. A quoi sert-on?»

Contrairement à l'idée reçue, et largement véhiculée par les médias, les agressions dans le métro sont plutôt rares, moins de mille incidents par an. Cela reste insignifiant comparé aux quatre millions et demi d'usagers quotidiens. N'empêche, le moindre fait divers survenant dans cet univers souterrain a un énorme retentissement. L'angoisse suinte des murs de faïence blanche et, à défaut d'insécurité, c'est la peur de l'insécurité qui règne. Mais si la violence est rarissime, le vol, lui, est institué en commerce avec trois fois plus de plaintes que pour les agressions. Une affaire juteuse. D'après les policiers, un bon tireur fait un bénéfice annuel de 100 000 Francs. Tentant. On imagine mal le nombre effarant de pick-pockets opérant dans le métro, isolés ou en groupe.

En huit heures de «filoche», j'ai suivi le manège d'une trentaine d'entre eux. Le plus souvent, des immigrés: Maghrébins, Noirs et Gitans yougoslaves. Ça n'arrêtait pas. Chaque rame, quasiment, nous mettait nez à nez avec une nouvelle équipe. J'ai même failli être pigeonné à mon tour.

Le scénario varie peu: le vol a lieu alors que les voyageurs montent ou descendent du wagon, ou qu'ils se pressent à l'intérieur. Gare-de-l'Est, sur la ligne n° 4. Yves me fixe, en se tapotant pensivement le front avec l'index et le majeur. Traduction: une équipe de deux vient d'entrer en action. A un mètre de moi, deux mecs vêtus de blousons amples encadrent, en effet, une petite jeune fille qui porte un sac à fermeture à glissière en bandoulière. Elle se tient à la barre, le regard vague. Coincée, absente: l'idéal pour les lascars! Le premier entame une drôle de manœuvre. Il s'agit de mobiliser l'attention de la fille. Il fait glisser sa main contre la sienne, se rapproche d'elle. Elle paraît troublée et recule jusqu'à se coller contre le second voleur, qui n'attendait que cela pour agir à son tour. Il fait mine de somnoler tout en s'attaquant à la fermeture. Elle résiste. Il tire un peu plus, le visage impassible. Dans le même temps, Yves est plongé dans «L'Aurore», Pierre bâille sur son strapontin et Louis apprend par cœur la liste des stations. En fait, aucun des trois policiers ne perd un seul geste de ce qui est en train de se jouer. La fille, elle, n'a toujours rien vu. Excitant, le jeu, s'il ne se terminait pas, à chaque fois, de façon pathétique...

Le vols à la tire augmentent, mais on peut imaginer ce qu'ils seraient si la présence policière était supprimée. L'autre soir, un groupe de rockies terrorisait un wagon entre Barbès et Châtelet en chantant des marches nazies. J'étais le seul à ne pas avoir peur: j'étais avec Yves le petit nerveux, Pierre le costaud et Louis le karatéka. Et s'ils n'avaient pas été là?

FINI LES VACANCES

Ils détruisaient en groupe. On leur a appris à vivre ensemble... Aujourd'hui les éducateurs de tout poil qui ont monté l'opération vacances s'inquiètent de savoir si l'automne tiendra les promesses de l'été

■ *«On s'est mis en chômage technique»*, expliquent-ils en riant. De fait, depuis deux mois, il n'y a plus de vols à la cité des Flamands, à Marseille, plus de rodéos assourdissants de voitures volées, plus de bagarres sanglantes ni de déprédations. A la place, une association d'animation culturelle (président: Zaïr) créée et dirigée par les jeunes, une troupe théâtrale (animateur: Moussa), un stage-photo, bientôt suivi d'une exposition, des randonnées à vélo, une journée hebdomadaire de planche à voile, une fresque peinte sur le porche dégradé d'une des tours; et pour couronner le tout, des rencontres officielles avec les élus locaux! De la violence encore peut-être, par-ci par-là, mais en baisse de plusieurs degrés.

Jo Ros et son équipe de l'Education surveillée ont réussi une sorte de révolution, fragile, provisoire peut-être, mais tout de même... A la fin du mois d'août il n'y avait que cinq mineurs des Flamands détenus à la prison des Baumettes. En temps ordinaire, l'effectif permanent est de quinze. *«On est obligé de vivre sur le dos des parents puisqu'on n'a pas de travail,* explique Kouider, dix-neuf ans. *Alors tous les mois il y en a qui plongent.»*

De toute façon, chacun vous le dira à Marseille, les Flamands, c'est un quartier de voyous. Dressés au nord de la ville, ses vingt-quatre blocs de béton superposent cinq cents familles (la plupart d'origine maghrébine), soit trois mille personnes environ, dont quinze cents adolescents, qui ne s'imaginent plus une autre place au soleil. *«On n'est pas des Algériens ni des Français,* disent-ils, *on est des Flamands.»* Tare ou gloire, identité en tout cas pout cette troisième génération d'enfants d'immigrés qui ne sont plus de nulle part.

Dix ministères, sous la direction de la Solidarité nationale, ont été mobilisés cet été pour allumer des contre-feux dans onze départements particulièrement vulnérables: Paris et la région parisienne, le Nord, le Rhône et les Bouches-du-Rhône. Municipalités, commissions des maires, armée, police, justice ont conjugué leurs efforts pour faire rouvrir les équipements sportifs, généralement fermés dans les villes en vacances, offrir des stages sportifs aux adolescents désœuvrés, des camps et des colonies de vacances à des milliers supplémentaires de jeunes. Le Club Méditerranée a reçu dans un village de tentes en Ardèche trois cent quarante enfants, de huit à quatorze ans, des banlieues de Lyon et de Marseille. Enfin et surtout, l'Education surveillée a, pour la première fois, été invitée officiellement à sortir de son monde clos de mineurs dûment recensés (délinquants ou «en danger»), pour aller offrir aux autres aussi sa compétence et ses moyens, quitte à profiter des leurs.

L'Education surveillée, qu'est-ce que c'est? D'abord six mille fonctionnaires, dont quatre mille éducateurs spécialisés dépendant du ministère de la Justice. Ils partagent avec le secteur associatif privé la charge de mineurs délinquants ou «en danger» ayant fait l'objet d'une décision judiciaire. En effet, cent trente-cinq mille sont, l'an dernier, passés devant la justice des mineurs: soixante-huit mille délinquants, soixante-sept mille «en danger». Encore ces chiffres ne rendent-ils pas compte de toute l'étendue du problème puisque la justice n'est pas saisie de tous les cas.

C'est donc dans le cadre de ses perspectives éducatives que l'E.S. a conçu sa participation à l'opération préventive Eté 87. C'est pour faire connaître ses méthodes et les problèmes de ses «clients» qu'elle s'est désenclavée et mobilisée. Bon nombre de ses éducateurs ont même retardé leurs vacances pour être présents partout: à la sortie des cabinets du juge pour que, faute de place, celui-ci ne se résigne pas à envoyer le mineur en prison; au téléphone, de jour et de nuit, pour recevoir tel drogué imprévu qu'il faut désintoxiquer en huit jours et expédier en vacances sur un chantier de Bordeaux, afin qu'il ne retourne pas à l'héroïne; dans la rue, comme à Lille, pour repérer une bande de jeunes racketteurs, espèce particulièrement rude, et les accompagner dans un camp itinérant.

Personne n'envisage un instant que cet effort collectif puisse s'arrêter le 15 septembre. Jo Ros non plus. Ou alors il aurait travaillé pour rien aux Flamands. Faire sortir les enfants sauvages de leur repaire pendant les vacances, c'était sans doute une bonne idée. Mais il n'y a pas besoin d'être un spécialiste pour savoir qu'elle est insuffisante.

Jo Ros et la petite équipe de l'Education surveillée avaient donc une autre idée en pénétrant aux Flamands dans les premiers jours de juillet. *«On s'est dit qu'au lieu d'évacuer les gosses et leurs problèmes à la montagne, quitte à les retrouver pareils après l'entracte, il valait mieux concentrer toutes nos forces sur le quartier»,* explique-t-il.

L'été se termine. Il n'aura pas été chaud. Et alors? Ce qui comptera, ce sera la solidité des résultats obtenus. Or les vacances finies, le chômage, le racisme, le manque de qualification, les réactions de rejet, les menaces de rébellion se regroupent aux portes des cités. Alors vraiment, deux mois, ça suffirait?

Les Français et le tabac (33) (i)

Combien de fumeurs y a-t-il en France?

Environ 40% des Français sont fumeurs.

Cinq Français sur dix fument contre deux Françaises sur dix seulement.

Qui fume?

Il y a plus de fumeurs chez les ouvriers que chez les artisans et les cadres.

Chez les femmes, les intellectuelles fument le plus.

L'association entre le tabac et l'alcool est très forte: 85% des gros buveurs fument, et plus on boit plus on fume.

Quels sont les effets du tabac sur l'organisme?

Les goudrons et la nicotine paralysent les défenses naturelles des poumons.

Des études montrent chez les fumeuses enceintes une augmentation du nombre d'enfants morts-nés et d'avortements spontanés.

Quels sont les risques de maladie?

En France le cancer du poumon tue près de 20 000 personnes par an dont 95% sont fumeurs.

La bronchite chronique, dont meurent chaque année 40 000 Français est, dans 80% des cas, liée au tabac.

Et quelles sont sont les chances de survie?

L'espérance de vie des fumeurs de plus de 40 ans est diminuée d'environ 8 ans.

Le tabac est le premier responsable de mortalité, avant l'alcool et les accidents de la route.

Le non-fumeur a deux ou trois fois plus de chances d'atteindre l'âge de 95 ans que le fumeur.

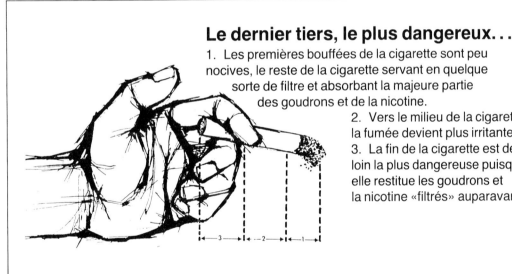

Le dernier tiers, le plus dangereux...

1. Les premières bouffées de la cigarette sont peu nocives, le reste de la cigarette servant en quelque sorte de filtre et absorbant la majeure partie des goudrons et de la nicotine.

2. Vers le milieu de la cigarette la fumée devient plus irritante.

3. La fin de la cigarette est de loin la plus dangereuse puisqu' elle restitue les goudrons et la nicotine «filtrés» auparavant.

Les Français et le tabac (33) (ii)

Que pensent les fumeurs de leur habitude?

La plupart des fumeurs reconnaissent que fumer raccourcit la vie.

La peur de la maladie et de la mort agit peu sur les jeunes.

A quel âge fume-t-on?

Une enquête menée à Paris indique que le tiers des fumeurs ont commencé entre 10 et 15 ans.

Entre 15 et 34 ans, 45% des Français fument; entre 35 et 49, 33% entre 50 et 64, 25%; au-delà de 65 ans, 17% seulement.

Que coûte, et rapporte, le tabac?

Le tabac rapporte au gouvernement plus de 10 milliards de francs par an.

Au total, on estime que les dépenses médicales et sociales dues au tabac sont trois fois plus élevées que les recettes de l'Etat.

Quelles cigarettes les Français préfèrent-ils?

Traditionnellement, les Français fument les cigarettes brunes (Gauloises, etc.); aujourd'hui les Français, et surtout les Françaises, consomment davantage de blondes.

Le vente des cigarettes à faible dosage en goudron et en nicotine a augmenté énormément.

Est-il vraiment difficile de renoncer au tabac?

Quelque deux millions de Français ont cessé de fumer.

Le sevrage brutal peut exposer le grand fumeur à certaines difficultés: anxiété, prise de poids, montée du cholestérol, etc.

Quelle que soit la méthode adoptée – thérapie de groupe, acupuncture, hypnose, médicaments, etc. – le pourcentage de succès se situe autour de 25%.

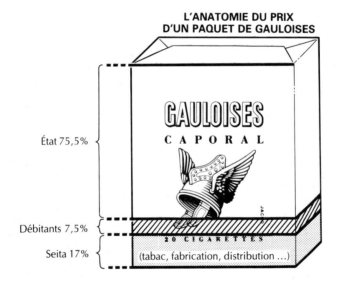

L'ANATOMIE DU PRIX
D'UN PAQUET DE GAULOISES

Faites-vous plaisir, arrêtez de fumer (33)

Faites-vous plaisir arrêtez de fumer

Tout le monde vous le répète depuis des années : arrêtez-vous de fumer ! La toux, la bronchite chronique, le souffle court, le teint brouillé, les maladies cardiaques, le cancer, voilà

sûrement de bonnes raisons pour s'arrêter. Mais chaque fumeur pense pouvoir échapper aux risques du tabac. Les dangers sont pour les autres et le plaisir pour soi. Mais ce plaisir n'est-il pas dépassé depuis longtemps par le petit esclavage quotidien de la cigarette et ses désagréments ?

Le grand pari

Bien sûr, il s'agit au départ d'un effort de volonté. Certaines méthodes peuvent vous aider à franchir le pas décisif, mais il faut tout d'abord vouloir s'arrêter. C'est une bataille à gagner contre la routine.

Pour commencer, choisissez une bonne date.

Beaucoup de fumeurs ont sauté le pas à l'occasion d'un changement dans leur existence : nouvelle situation, une forte angine, un anniversaire, l'attente d'un enfant... et une fois votre décision prise, suivez ces quelques conseils qui peuvent réellement vous aider à tenir bon.

Vous craignez de grossir si vous ne fumez plus ?

Pour compenser la cigarette ou le besoin d'avoir quelque chose à la bouche, vous serez peut-être' tenté de manger davantage. Profitez de votre bataille contre le tabac pour améliorer votre alimenta-

tion; mangez moins gras, évitez les sucreries, faites un petit déjeuner plus copieux et des déjeuners et

des dîners plus légers et moins arrosés. Consommez davantage de légumes verts et de fruits. Faites du sport, de la marche, du vélo, de la natation. En fait, vous devez retrouver un équilibre physique perturbé depuis longtemps par la cigarette.

Vous avez peur de devenir nerveux ?

Si vous avez vraiment envie de fumer, croquez une pomme, inspirez et expirez profondément à

plusieurs reprises, buvez un verre d'eau. L'essentiel est de tromper votre besoin.

Évitez les situations qui vous amènent à fumer : fins de repas prolongées, réunions interminables. Limitez également votre consommation d'alcool et de café. Ce sont eux aussi des excitants qui peuvent vous redonner envie du tabac. Le sport, là encore, vous aidera à vous décontracter.

Vous avez peur de ne pas réussir ?

Tout ceci va vous demander un effort réel. On n'abandonne pas aussi facilement une habitude de plusieurs années. Mais vous trouverez peut-être de l'aide autour de vous. Si d'autres membres de votre famille fument également, pourquoi ne pas faire le pari

ensemble, et gagner ensemble ?

La récompense

S'arrêter de fumer est une vraie victoire personnelle. Vous serez sûrement formidablement heureux d'avoir remporté cette bataille. Mais c'est aussi une victoire physique. Tous les anciens fumeurs vous le diront : c'est une sensation extraordinaire de retrouver peu à peu le goût des aliments, les odeurs de la nature, l'envie de respirer, de marcher, de s'aérer. Et ceux qui vous entourent seront tout aussi heureux. Car s'arrêter de fumer, c'est aussi leur faire plaisir.

Alors, quand lancez-vous votre pari ?

Votre santé dépend aussi de vous
MINISTERE DE LA SANTE
Comité Français d'Education pour la Santé

Bagarre mortelle à Pédernec (i) (34)

Fait-divers

Bagarre mortelle à Pédernec

GUINGAMP Une bagarre sur la route de Guingamp, dimanche matin vers 2h30 au lieu-dit Maudez, à côté de Pédernec, a opposé M. Daniel Menou, 22 ans, maçon, domicilié à Plouisy, à son beaufrère M. Adrien Guillard, 37 ans, domicilié à Kermoroch. Ce dernier, entrepreneur de travaux publics, a trouvé la mort.

Durant toute la journée de samedi, MM. Menou et Guillard, ainsi que le frère d'Adrien, Jean-Yves, avaient travaillé ensemble à l'installation d'un pressoir. Le soir, ils ont décidé de terminer la journée dans un café, le «Zibans», à Pédernec. Ils s'y sont rendus tous les trois avec un poids lourd que conduisait M. Menou.

C'est beaucoup plus tard que la bonne entente qui régnait dans le groupe allait disparaître. Vers 2h30 du matin, M. Menou qui avait de nouveau pris le volant pour ramener ses deux beaux-frères, a heurté deux voitures en stationnement devant le café. Cet accident est à l'origine de la bagarre qui s'est déroulée sur la voie publique, à coups de poings et de pieds, et qui a coûté la vie à M. Guillard.

Mlle Piccot, procureur, ainsi que le commandant de la gendarmerie se sont rendus aussitôt sur les lieux. Une première reconstitution a eu lieu hier en fin d'après-midi.

M. Menou est toujours en garde à vue à la brigade de Bégard.

Bagarre mortelle à Pédernec (ii) (34)

euh une nuit un un _____ _____ à _____ heures du matin

euh j'ai été _____ donc par __ _____

euh c'est un peu avant deux quatre heures du matin

d'ailleurs _____ _____ __ _____

euh un de mes commandants de brigade

le commandant de brigade de Bégard si vous voulez

euh me téléphonant pour me dire euh

j'ai __ _____ sur euh les bras

et donc euh je me trouve euh à tel endroit

à _____

et (toux) __ _____ d'une _____ euh

l'un des deux . . . protagonistes euh

___ ____

bien euh il me dit j'ai prévenu _____ euh __ _____

puisque le procureur est euh féminin ici à _____

euh elle va se _____ ___ ___ _____

donc euh bien sûr bien entendu je me je __ _____ je _' _____

je . . . téléphone immédiatement à à

à mon _____ __ _____ des recherches

et je lui dis bon meuh dans ___ _____ nous partons sur Bégard

euh prends ce qu'il faut enfin __ _____ l'_____ _____ euh etc

pour euh . . . je lui explique en trois mots euh __ ____ __ _' ____

bon dix minutes plus tard [nous] nous sommes euh rendus ici

euh eux _____ ____ _____ et moi je prends ma voit __ _____ donc euh

de fonction bien sûr

et nous nous rendons euh ___ ___ _____

en gros vers euh quatre heures du matin

sur place je trouve bien sûr mes _____ __ . . . _____

euh qui euh je _____ __ _____ bien sûr près du _____

près d'un _____

les _____ euh qui avaient déjà essay[é]

qui voulaient déjà _____ euh __ _____

la br le le _____ __ _____ avec euh le l'auteur

[si vous voulez] le le deuxième euh individu

et et le toubib qui était déjà en train de lui faire

euh de qui lui _____ __ _____ d'une part

et d'autre part aussi une _____ __ ____

pour déterminer euh son état

compte tenu qu'on voyait bien

qu'il était dans un état

enfin qu'il était _____ __ _____ (toux)

euh quelques instants après bien _____ __ _____ euh

_____ euh ___ ___ _____

bon et nous essayons de reconstituer un peu le _____

euh _____ euh des _____

bien il apparaît que

trois beaux-frères

sont venus dans ce café

_____ _____ _____ chez l'un d'eux

ensuite euh ont dîné toujours euh chez ce euh chez chez celui-là

et ensuite ont _____ de partir euh

euh _____ un coup dans une dans __ ____

il devait être _____

mais pour se déplacer on utilisait un euh trente-tonnes

pour venir (rires) au café

bon euh ils sont restés jusqu'à _' _____ __ _____

et et c'est là qu'on _' ___ _____ que

disons le propriétaire du café n'avait pas fermé à l'_____ euh _____

bon euh ils ont bu __ _____ _____ de de de _____

et puis en sortant le

ils sont tous les trois _____ ____ __ _____

ils sont partis

et malheureusement pour eux bon

n'étant plus dans __ _____ tout à fait _____

en partant le le camion a _____ ____ _____

euh en a traîné un un petit peu

bon il y avait _____ _____ mais enfin

les _____ _____ étaient assez _____

ce qui fait que les trois

les trois _____ - _____ se sont un peu . . . _____

bon ils sont allés _____ __ _____ un peu plus loin

et l'un des le _____ du camion ___ _____

euh disons euh une vingtaine de mètres en arrière

pour _____

___ _____ des deux véhicules

50

euh pendant ce temps les deux autres

euh l'un des deux a dû _____ à . . . à l'auteur de d'avoir

enfin __ _____ d'être d'être _____ __ _____

ou _' _____ euh ___ _____

toujours est-il qu'ils __ _____ _____

et puis que __ _____ __ __ _____

_' __ ___ _____ ___ _____ euh sur le carreau

bon il fallait donc déterminer si c'était bien

euh si vous voulez le le _____ __ _____

qui avait _____ __ _____

et puis connaître un peu

les la _____ _____ __ _____ _' _____ _____

bon alors euh dès ce de ce matin-là

euh madame le procureur a prescrit ___ _____

pour déterminer [la] _____ de la mort

enfin c'est nous lui demandons donc

mais c'est elle qui donne l'_____

et euh nous nous relevons si vous voulez le nous _____ ___ _____ et

toutes euh nous _____ euh __ _____ __ _____ de

euh du véhi des _____ etc

bon nous prenons tous les _____

concernant les _____ des _____ _____

et euh la les _____ concernant _' _____ ___ _____

euh des différents témoins qui se trouvaient ___ _____

euh et puis ensuite bon ben nous convoquons _____ __ _____ - __

pour euh le lendemain

euh enfin le lendemain c'était le jour même si vous voulez

mais disons pour _' _____ - _____

de façon à essayer de _____ un peu _' _____

La coupe est pleine (34)

⟹ L'ALCOOL est la troisième cause de mortalité en France, après les maladies cardio-vasculaires et le cancer.

Le nombre de buveurs excessifs en France se situe, selon les calculs les plus courants, autour de cinq millions, parmi lesquels deux millions d'hommes et un demi-million de femmes sont de véritables alcooliques.

Quarante pour cent des automobilistes impliqués dans un accident mortel sont, au moment de la collision, sous l'emprise de la boisson.

Les exportations françaises de vins et de spiritueux représentent à l'heure actuelle quelque dix milliards de francs.

⟹ L'ALCOOL serait un facteur déterminant dans presque 70% des crimes de sang et dans 40% des homicides.

Depuis 25 ans, la vente du vin a reculé de 40%, celle de la bière a augmenté de 60%. La consommation du pastis (Pernod, Ricard, etc.) s'est multipliée par quatre; celle du whisky a doublé.

L'alcool tue, directement, plus de 30000 Français par an; mais si l'on y ajoute les morts précipitées par l'alcool le chiffre s'élève au moins à 80000.

En France, un coca-cola ou un jus de fruits coûte plus cher qu'un verre de vin.

⟹ L'ALCOOL provoque entre le quart et le tiers des accidents du travail.

Les contacts professionnels, ainsi que la monotonie du travail, peuvent conduire à l'alcoolisme; depuis peu, le chômage est un facteur d'alcoolisation, surtout chez les jeunes.

Selon les dernières statistiques, plus du tiers des hommes admis en hôpital psychiatrique étaient alcooliques.

La consommation totale d'alcool pur s'élève en France à 22 litres par an; de moitié plus grande qu'en Allemagne; deux fois plus grande qu'en Angleterre.

Les femmes boivent souvent clandestinement; les hommes plutôt ouvertement, en milieu professionnel ou entre amis.

Lorsqu'on les prend en même temps que l'alcool, les tranquillisants peuvent être aussi nocifs que les drogues dures.

⟹ L'ALCOOLISME n'est pas une question d'âge: chez les femmes, par exemple, 30% se mettent à boire entre 15 et 25 ans, encore 30% entre 25 et 35 ans.

La femme est très susceptible à l'alcool: avec une consommation de 50g d'alcool par jour elle sera atteinte de cirrhose en cinq ans. Pour être atteint au même niveau, l'homme doit boire deux ou trois fois plus.

On ne peut tirer aucune conclusion du fait qu'il y a plus d'ouvriers alcooliques que de cadres: le grand bourgeois se fait traiter en clinique privée; l'alcoolisme n'est pas une affaire de classe.

Selon une étude du Dr Lereboullet, l'alcoolisme absorbe 42% du budget des hôpitaux parisiens.

Cinquante pour cent des enfants traités dans les services de psychiatrie ont des parents qui boivent.

⟹ L'ALCOOL procure à l'Etat plus de 10 milliards de francs alors que les dépenses publiques entraînées par l'alcoolisme sont évaluées, dans un rapport récent, à 70 milliards de francs.

Ce n'est pas uniquement l'alcoolique qui souffre, c'est tout son entourage, sa femme ou son mari et ses enfants surtout.

A Nantes, une étude a révélé que 30% des malades hospitalisés étaient des alcooliques chroniques atteints de cirrhose du foie, de gastrites, de maladies cardiaques ou artérielles, d'ulcères, de délirium tremens, etc.

Une enquête sur les lycéens français indique que 30% des garçons «boivent» tous les jours, contre 5% pour les filles.

Les boissons alcoolisées sont vendues par un réseau de 200000 bistrots, un pour 250 habitants; on estime que plus de 10% de la population vit de la production, de la distribution ou de la vente de l'alcool.

L'engagement politique chez les jeunes (36)

PROFILS POLITIQUES

1 identité:			
2 originaire de:			
3 âge approximatif auquel il/elle a commencé à s'intéresser à la politique:			
4 ce qui l'a d'abord attiré(e) vers la politique:			
5 études/formation:			
6 groupe/parti dans lequel il/elle s'est engagé(e):			
7 raison(s) de ce choix (si elles sont connues):			
8 activités politiques entreprises au sein du parti:			
9 ambitions personnelles:			
10 problèmes déjà rencontrés ou envisagés; autres observations:			

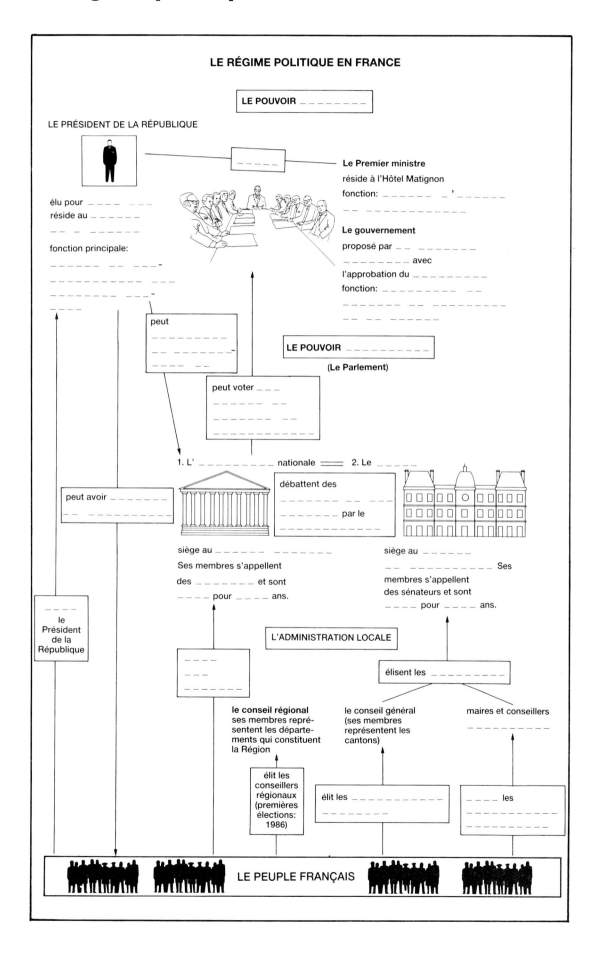

Le régime politique en France (37)

LE RÉGIME POLITIQUE EN FRANCE

LE POUVOIR _ _ _ _ _ _ _

LE PRÉSIDENT DE LA RÉPUBLIQUE

_ _ _ _ _

Le Premier ministre
réside à l'Hôtel Matignon
fonction: _ _ _ _ _ _ _ _ ' _ _ _ _ _ _
_ _ _ _ _ _ _ _ _ _

élu pour _ _ _ _ _ _ _
réside au _ _ _ _ _ _
_ _ _ _ _ _ _ _

fonction principale:
_ _ _ _ _ _ _ _ _ -
_ _ _ _ _ _ _ _ _
_ _ _ _ _ _ _ _ _ -

Le gouvernement
proposé par _ _ _ _ _ _ _ _
_ _ _ _ _ _ _ _ avec
l'approbation du _ _ _ _ _ _ _ _
fonction: _ _ _ _ _ _ _ _ _ _
_ _ _ _ _ _ _ _ _ _
_ _ _ _ _ _ _ _

peut
_ _ _ _ _ _ _ _ _
_ _ _ _ _ _ _ _ _ -
_ _ _ _ _ _ _

LE POUVOIR _ _ _ _ _ _ _ _ _

(Le Parlement)

peut voter _ _ _
_ _ _ _ _ _ _ _ _
_ _ _ _ _ _ _ _ _ _
_ _ _ _ _ _ _ _ _ _

1. L' _ _ _ _ _ _ _ _ nationale ═══ 2. Le _ _ _ _ _ _ _

débattent des
_ _ _ _ _ _ _ _ _
_ _ _ _ _ _ _ par le
_ _ _ _ _ _ _ _ _

peut avoir _ _ _ _ _ _ _
_ _ _ _ _ _ _ _

siège au _ _ _ _ _ _ _ _ _ _ _ _
Ses membres s'appellent
des _ _ _ _ _ _ _ et sont
_ _ _ pour _ _ _ _ ans.

siège au _ _ _ _ _ _
_ _ _ _ _ _ _ _ _ _ Ses
membres s'appellent
des sénateurs et sont
_ _ _ _ pour _ _ _ _ ans.

le
Président
de la
République

_ _ _ _

L'ADMINISTRATION LOCALE

_ _ _ _
_ _ _
_ _ _ _ _ _ _

élisent les _ _ _ _ _ _ _ _ _

le conseil régional
ses membres repré-
sentent les départe-
ments qui constituent
la Région

le conseil général
(ses membres
représentent les
cantons)

maires et conseillers
_ _ _ _ _ _ _ _ _

élit les
conseillers
régionaux
(premières
élections:
1986)

élit les _ _ _ _ _ _ _ _ _
_ _ _ _ _ _ _ _

_ _ _ _ les
_ _ _ _ _ _ _ _ _
_ _ _ _ _ _ _ _ _

LE PEUPLE FRANÇAIS

Des politiques radicalement opposées (38)

(Interview avec Claire et Jean-Claude B.)

(Pendant cette interview leur fille Gaëlle (3 ans) participe de temps en temps à la conversation et s'agite un peu, frappant la table de ses pieds.)

— bon pour vous la politique c'est quoi exactement?

— bien la politique en tant que telle
 ne nous affecte pas véritablement
 on est au courant des projets de politique
 des lois politiques par la télévision par les médias
 dans la vie de tous les jours ce qui est important pour nous
 c'est de savoir que l'essence va augmenter ou va diminuer
 ou que le prix du pain va augmenter
 ou que le prix du pain va diminuer
 il est évident qu'une classe sociale frappée par le chômage
 est peut-être beaucoup plus concernée euh
 par les implications d'une politique
 que qu'une autre classe sociale
 mmais
 autrement ça n'est pas véritablement un intérêt majeur
 pour les Français
 je ne pense pas
 ce qui est important c'est donc le côté financier
 augmentation ou baisse
 et puis chômage ou non-chômage
 le reste
 je ne pense pas que les Français s'y intéressent énormément (cri de Gaëlle)

— la politique n'intéresse donc les Français
 que lorsqu'il s'agit de leur propre situation économique?

— oui je crois que c'est le côté concret effectivement
 sur lequel il faut insister au niveau des gens
 les gens
 peu de gens finalement s'intéressent au côté des
 des philosophies
 des théories . . . différentes
 qui peuvent s'opposer dans
 au parlement par exemple
 je crois que ce qui intéresse les gens
 c'est essentiellement de savoir au niveau concret
 ce qui va leur arriver dans la vie de tous les jours

— on vient de changer de gouvernement en France
 il y avait un gouvernement de gauche
 qui n'existe plus
 quelle différence y a-t-il vraiment
 entre les politiques de gauche et de droite?

— disons que radicalement

    la droite et la gauche sont opposées au niveau idées bien sûr

    pour la pour la droite ce qui compte

    c'est vraiment l'économie du pays avant tout euh

    euh et l'individu en tant que tel

    ne l'intéresse absolument pas

    c'est pour cela que

    depuis peu que la la donc euh que la droite gouverne

    euh bien qu'ayant un président . . . de gauche

    mais la droite gouverne

    eh bien ils se sont empressés de faire à toute vitesse

    toute une série de mesures

    euhm euh pour en entre autres privatiser tout ce qui av[ait] été nationalisé

    et . . . bon s en ce sens ça change

    enfin on sent que l'état d'esprit est différent

    on s'en rend bien compte quand on entend les politiciens parler

    c'est . . . c'est des grosses fortunes

    c'est les entreprises

    c'est . . . la réussite des entreprises

    et puis le le Français euh

    euh au niveau social

    ça les intéresse absolument pas

— donc la droite c'est l'argent?

— c'est ça

    ah ben bien sûr

— mais pour vous Jean-Claude

    qu'est-ce que la droite représente au niveau des principes?

— pour moi la droite représente quelque chose qui part

    à partir d'une théorie essentiellement économique

    le libéralisme économique

    qui veut bon bon que tous les . . . rapports . . . économiques

    soient fondés sur la liberté

    euh liberté de d'entreprise

    liberté éventuellement d'écraser l'autre

    si l'autre est moins fort

    un petit peu la loi de la jungle

    euh je suis peut-être un petit peu partisan en ce que je dis

    mais

    ça me paraît être une . . . une définition euh

    relativement proche de la réalité quand même

    et à partir d'une théorie donc

    qui est purement une théorie économique

    la droite

    pour en faire un programme politique

    a transféré ces ces cette idée

    de base

    sur le terrain du social

    c'est-à-dire que les relations sociales

doivent être finalement les mêmes
que sur le plan économique
liberté
euh chacun doit se prendre en charge
la sécurité sociale c'est bien beau
mais si elle coûte cher
chacun devra payer
et c'est tout donc on paiera plus si on est riche
et on aura une meilleure s santé
ou une meilleure médecine
que si on n'a pas les moyens
c'est le libéralisme
c'est tout
mais qui est transposé sur tous les plans
ça c'est la droite
pour la gauche
euh la gauche a une philosophie humaine
humaniste
ce sont des rapports entre les gens
des rapports disons plus sains
qui doivent exister
des rapports de solidarité
et à partir de ces de cette idée
de cette philosophie
et non pas de cette théorie économique
de cette philosophie humaine
on crée . . . des applications sur le plan économique
donc c'est un cheminement intellectuel qui est à mon avis
totalement opposé
à la gauche
à la droite pardon
et c'est ce qui fait que bien souvent
les gens ne comprennent pas
et n'ont pas compris pendant cinq ans
la politique de la gauche qui a été menée
les gens attendaient
beaucoup de gens qui ont voté pour la gauche
attendaient ni plus ni moins . . . une revanche
c'est-à-dire la même politique que ne (?) la droite
mais au lieu d'avoir des avantages pour les riches
ce serait des avantages pour les autres
donc une différence de de nature
entre les deux choses (cri de Gaëlle)

— et qu'est-ce que ça veut dire
cette différence
en termes de politique
de mesures concrètes?

— en termes de mesures concrètes
par exemple euhff

ben par si on parle de solidarité au niveau économique

il est il y a une euh mesure qui a été prise

il y a trois ou quatre ans

si je me rappelle bien

qui a été de de ponctionner le salaire des fonctionnaires

de un pour cent

de façon à . . . cotiser

à une euh une caisse de re de . . . chômage

qui donc servirait non pas aux fonctionnaires

qui sont les moins concernés

mais aux autres catégories sociales

qui font euh

qui sont employées dans l'industrie

dans le commerce

tous les gens qui peuvent être euh

être touchés donc par ce chômage

voilà

une euh une mesure sociale bon

beaucoup de gens

donc ont pris

de façon très négative cette mesure

je crois qu'il fallait voir

je crois qu'il fallait voir quelque chose de de plus loin

effectivement si on admet la (sic) côté solidarité

il faut admettre

cette chose-là

personnellement si cet argent est bien employé

si cet argent est

va effectivement . . . à la solidarité chômage

d'accord pourquoi pas

c'est un exemple euh

un exemple concret

je n'en ai pas d'autres actuellement à l'idée

mais je il me semble que ça

ça semble le résumer

parce qu'on a trouvé à ce niveau-là

dans les dans l'opinion publique

une euh une coupure assez nette

entre les gens qui euh qui acceptaient

et ces gens-là finalement ne se faisaient . . . pas tellement entendre

ils trouvaient ça normal

bon on n'en parle pas

et les gens qui ont refusé

en disant «comment et c

pourquoi est-ce qu'on paierait pour les autres?»

donc des gens qui manifestement avaient voté à gauche

mais . . . sans idées de gauche

sans avoir compris

comme je disais tout à l'heure

ce que représente la gauche

58

— et une mesure de droite qu'est-ce que ce serait?

— une mesure de droite
ah on en a plein en ce moment
on a depuis deux semaines on n'apprend que des
que des mesures de droite
si on veut en trouver une euh
qui soit peut-être plus . . . représentative
par exemple euh
une mesure-symbole
qui ne servira pas à grand-chose euh financièrement
ou deux mesures-symboles
les deux premières mesures qui ont été prises par la droite
en al en revenant au gouvernement
ont été d'une part d'amnistier
tous les gens
tous les délits de économiques
les gens qui avaient em . . . exporté des capitaux en Suisse

— et la deuxième mesure-symbole?

— ils ont supprimé l'impôt sur les grandes fortunes

— voilà
deux mesures deux mesures
tout à fait symboliques
c'est-à-dire que
économiquement
ça ne va pas rapporter grand-chose à la France
mais on voit tout de suite
(de quel côté ils se placent)
de quel côté ils se placent
à qui ils veulent faire plaisir
et le côté ironique c'est que ces mesures étaient donc
les premières à être prises
et étaient censées donc redonner la confiance
aux entrepreneurs
aux aux riches en général
le problème c'est que la confiance n'est toujours pas revenue un mois après
parce que I les entrepreneurs n'y croient pas encore
ils attendent encore plus

Professions de foi (38)

ÉLECTIONS LÉGISLATIVES DU 16 MARS 1986

Liste «Pour une majorité de Progrès»

Cette profession de foi, ultime de la campagne électorale, répond à la question posée par tous:
«Quel projet avons-nous pour le pays?»

ENSEMBLE, BÂTISSONS
Nous sommes fidèles à notre idéal. Nous voulons une société plus juste dans laquelle les richesses produites par les travailleurs sont redistribuées à tous, où les chances sont égales, où le droit à la santé, aux loisirs, à une retraite heureuse n'est pas une affaire d'argent.

LE CHEMIN PARCOURU
Après cinq ans de gouvernement, les fondations sont solides: une France modernisée, l'augmentation du SMIC et des allocations familiales, la cinquième semaine de congés payés, la décentralisation (vous élirez aussi aujourd'hui, pour la première fois, vos représentants au conseil régional), les droits nouveaux des travailleurs... c'est un bilan d'espoir.

L'EFFORT DE TOUS LES FRANÇAIS
La politique d'assainissement de l'économie était la seule possible. Le chemin que nous avons emprunté a été celui de la raison. Les Français le savent. Le programme de la droite anéantirait leurs efforts. Dénationaliser, supprimer l'autorisation préalable de licenciement, supprimer l'impôt sur les grandes fortunes... injuste, ce programme de la droite risquerait de déséquilibrer la paix sociale.

 ## *ÉLECTION DES DÉPUTÉS – 16 MARS 1986*

LISTE DE RASSEMBLEMENT NATIONAL

Françaises et Français,

Notre pays est menacé dans son existence, dans sa prospérité, dans les libertés de chacun d'entre vous. Le chômage, l'insécurité, la récession économique, l'immigration étrangère, le laxisme moral accablent les Français. **Vous en avez assez!**

Alors dites-le clairement en votant pour ceux qui disent tout haut ce que vous pensez tout bas. Nos candidats mettent leur dévouement, leur courage et leur compétence **au service de la France et des Français d'abord.**

Dans son programme, le Rassemblement National propose de:

– *RÉDUIRE L'EMPRISE DE L'ÉTAT* sur l'économie et sur la politique.
– *INVERSER LE COURANT DE L'IMMIGRATION:* rétablissement des visas, contrôle des étrangers, encouragement financier au retour dans leurs pays d'origine.
– *ÉTABLIR FERMEMENT LA SÉCURITÉ* des personnes et des biens. Rétablissement de la peine de mort, lutte sans faiblesse contre la délinquance et la drogue.
– *VAINCRE LE CHÔMAGE:* maintien et embauche prioritaires des travailleurs *français*. Réserver à ceux-ci les allocations-chômage.

Elections législatives du 16 mars 1986

*Liste d'Union de l'Opposition**

Des engagements clairs et précis

Nous prenons devant vous des engagements qui orienteront demain notre action.

Nous voulons nous battre pour l'emploi: retrouver les conditions de la croissance économique, alléger les contraintes et les charges qui pèsent sur les entreprises, donner la priorité à l'emploi des jeunes.

Nous voulons rétablir la sécurité des personnes et des biens: renforcer les garanties de nos libertés: libre choix de l'école, libre choix en matière de radio et de télévision.

Nous voulons affirmer notre identité nationale en engageant une véritable politique de la famille pour combattre la dénatalité, en appliquant une politique très stricte en matière d'immigration.

Nous voulons redonner sa place à la France en Europe et dans le monde: nous allons combattre avec énergie ceux qui encouragent le séparatisme dans les DOM-TOM.

* Cette profession de foi a été formulée par une coalition de deux partis politiques.

ÉLECTIONS LÉGISLATIVES – 16 MARS 1986

S'EN SORTIR, C'EST POSSIBLE!

La France est un grand pays moderne. Elle a des atouts industriels, agricoles, culturels considérables. Dans un tel pays, il devrait être donné à tout le monde de faire un travail intéressant, de disposer d'un bon salaire ou d'une retraite convenable.

UN EMPLOI POUR TOUTES CELLES ET TOUS CEUX QUI LE DÉSIRENT
Chaque travailleur doit être protégé dans son droit à l'emploi. Nous proposons d'améliorer en même temps la condition des hommes et des femmes au travail. Nous refusons que l'introduction des équipements modernes soit l'occasion pour les patrons d'aggraver les conditions de travail.

Il faut partout faire progresser la liberté et les droits de l'homme. Tous, ouvriers, employés, techniciens, ingénieurs et cadres, doivent pouvoir donner leur avis, surtout en ce qui concerne la vie de l'entreprise.

UNE FRANCE INDÉPENDANTE, UN MONDE PLUS FRATERNEL
Nous voulons faire l'Europe des travailleurs. Mais nous voulons aussi faire respecter l'indépendance totale de la France; il faut qu'elle garde sa force de dissuasion nucléaire et qu'elle maintienne son armée.

Notre pays doit être solidaire de tous les peuples qui luttent pour leur droit de disposer d'eux-mêmes. Nous combattons vigoureusement le racisme et l'anti-sémitisme.

Quelle Europe? (39)

Les institutions européennes

La Commission

C'est l'originalité des institutions communautaires. Elle est formée de 14 membres, qui sont désignés d'un commun accord par les gouvernements des Etats.

Rôle: La Commission:
– élabore les projets qui sont soumis au Conseil;
– veille à leur exécution après que le Conseil les ait adoptés;
– est la gardienne des traités.

Le Conseil des ministres

Il représente les Etats. Il est généralement formé par la réunion des ministres des Affaires étrangères, mais sa composition varie en fonction du problème abordé: il peut grouper les ministres de l'Agriculture, des Finances...

Rôle: Le Conseil des ministres se prononce sur les propositions de la Commission qu'il adopte (après modifications s'il y a lieu), ou refuse. Bien que les traités aient prévu le vote majoritaire, depuis 1965 l'adoption d'un projet se fait généralement à l'unanimité.

Le Conseil européen

Le Conseil européen, autrefois baptisé «sommet», réunit trois fois par an les chefs d'Etat ou de gouvernement des Etats membres. Depuis 1974, il constitue un élément fondamental de la construction européenne, bien que non prévu par les traités. C'est ainsi que la création du système monétaire européen a été élaborée lors du Conseil européen de Brême (R.F.A.), en juillet 1978.

Le Parlement européen

Il est élu depuis juin 1979 au suffrage universel par tous les citoyens de la Communauté. Le nombre des représentants de chaque pays varie en fonction de l'importance de la population.

Rôle: Le Parlement européen est consulté sur tous les grands problèmes communautaires et rend des avis qui sont pris en compte par la Commission et le Conseil.

Avec le Conseil il constitue «l'autorité budgétaire» qui arrête le Budget de la Communauté.

Enfin, lors des débats, il exerce un contrôle politique pouvant aller jusqu'à la censure de la Commission.

Le Comité économique et social

Il est forme de 156 membres représentant les employeurs, les travailleurs et les différentes catégories socioprofessionnelles de chaque pays membre.

Rôle: Il constitue un organisme consultatif et émet des avis sur les propositions élaborées par la Commission. Il peut aussi se saisir de certains problèmes de sa propre initiative.

La Cour de Justice

Composée de 11 juges, elle veille à l'application des traités et juge les éventuels conflits, tant au niveau des Etats que des entreprises ou des particuliers.

Commission européenne = initiative

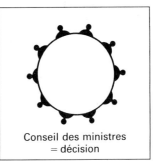

Conseil des ministres = décision

Contrôle démocratique

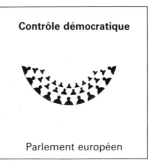

Parlement européen

Contrôle juridictionnel

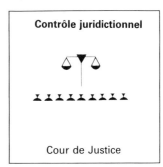

Cour de Justice

Les Institutions de la Communauté

• Le Parlement européen

Le Parlement européen, élu pour la première fois au suffrage universel direct par tous les citoyens de la Communauté en juin 1979, comprend 434 membres (81 pour la République fédérale d'Allemagne, la France, l'Italie, le Royaume-Uni, 25 pour les Pays-Bas, 24 pour la Belgique et la Grèce, 16 pour le Danemark, 15 pour l'Irlande et 6 pour le Luxembourg).

Depuis 1975, le Parlement a été doté de pouvoirs budgétaires propres. Il peut modifier l'importance de certaines dépenses, prendre des initiatives, et c'est lui qui fixe finalement le budget de la Communauté adopté par le Conseil des ministres.

• Le Conseil des ministres

Le Conseil des ministres de la Communauté siège à Bruxelles et, plus rarement, à Luxembourg. Chargé d'arrêter les principales politiques de la Communauté, il est composé de ministres de chaque Etat membre, chacun d'eux assumant la présidence à tour de rôle pour six mois.

• La Commission européenne

La Commission européenne est composée de quatorze membres désignés d'un commun accord par les gouvernements (2 pour la République fédérale d'Allemagne, la France, l'Italie et le Royaume-Uni, 1 pour chacun des autres Etats), mais qui doivent agir en toute indépendance de ces gouvernements.

La Commission européenne propose mais c'est le Conseil des ministres qui décide, sauf lorsqu'il a donné mandat à la Commission de le faire.

La Commission européenne est la gardienne des traités. Elle est l'organe d'exécution de la Communauté. Elle assure la gestion de ses instruments financiers. Elle est son porte-parole dans les négociations commerciales avec les autres pays du monde.

• La Cour de justice

La Cour de justice, composée de onze juges et de cinq avocats généraux désignés d'un commun accord, assure le respect du droit dans l'exécution des traités.

Par ses arrêts et ses interprétations, la Cour de justice favorise l'émergence d'un véritable droit européen qui s'impose à tous: institutions communautaires, Etats membres, tribunaux nationaux, simples particuliers. L'autorité des jugements de la Cour, dans le domaine du droit communautaire, prévaut en effet sur celle des tribunaux nationaux.

• Le Comité économique et social

Le Comité économique et social est formé de représentants des différentes catégories de la vie économique et sociale. Il doit être consulté avant l'adoption d'un grand nombre de décisions. ■

Quel avenir pour l'Europe? (39)

Lorsqu'il s'agit de savoir si la CEE a eu une influence favorable ou défavorable sur les conditions générales de vie, il y a environ 60% de la population française qui est incapable de se prononcer sur ce point. Manque d'intérêt? Peut-être aussi manque d'information. Quand on a interrogé un échantillon d'habitants de la CEE sur le nombre et l'identité des pays membres, très peu des personnes interrogées ont pu répondre correctement. Une meilleure information engendrerait probablement envers la CEE une attitude plus positive.

La CEE ne séduit pas

La cause principale de l'absence totale d'attrait affectif tient essentiellement au caractère trop technique de la construction européenne. Le citoyen moyen ne voit dans tout cela qu'une forme nouvelle de la technocratie: les institutions gigantesques de la CEE se présentent d'une façon qui n'est compréhensible qu'à des initiés.

Aujourd'hui la contribution britannique au budget de la CEE dépasse ce que Londres en reçoit: mais l'importance des versements britanniques au budget européen s'explique en partie par le fait que le Royaume-Uni continue à s'approvisionner plus que ses partenaires à *l'extérieur de la CEE* (notamment en ce qui concerne les pays du Commonwealth). Pour cette raison, longtemps après son adhésion à la Communauté, l'intégration du Royaume-Uni ne s'est toujours pas faite: son engagement européen reste limité.

Pour faire l'Europe, il faut créer chez les Européens – tous les Européens – le sentiment qu'ils sont différents des autres. Le traité de Rome fondait son pari sur le rapprochement entre les pays européens des grandes données de la vie économique d'une nation: commerce, économie, monnaie, etc. Sans renier ce qui a été fait, partons désormais de l'autre extrême, de ce qui touche le plus directement les individus dans leur vie quotidienne: activité professionnelle, santé, logement, éducation. Etablissons dans ces domaines une véritable politique européenne.

Mesure de la puissance économique européenne

(évolution de la production nationale brute, sur la base 100 pour la CEE)

	1955	1965	1970	1973	1980
CEE	100	100	100	100	100
Etats-Unis	205	164	155	127	98
Japon	12	21	32	39	44

Bien que la CEE soit une des puissances économiques mondiales les plus importantes, les habitants des pays membres n'en sont pas conscients. S'ils l'étaient, ne se rendraient-ils pas compte de leur potentiel politique?

Le pari de Jean Monnet, l'un des principaux constructeurs de la CEE, se résume ainsi: «D'abord, la solidarité politique en Europe découlera dans un mouvement naturel de l'interpénétration des intérêts matériels et commerciaux. C'est ensuite que le développement d'institutions originales, indépendantes des gouvernements nationaux, contribueront de façon déterminante à créer un esprit européen, des réflexes européens, une responsabilité européenne …»

Perfide Albion?

L'isolement géographique de la Grande-Bretagne et sa tradition de relations amicales avec les Etats-Unis ont largement contribué à la froideur relative de ses sentiments envers la CEE. La construction du tunnel sous la Manche conduira peut-être à la naissance d'une attitude plus chaleureuse vis-à-vis de l'Europe.

A. La réunion de la Bretagne à la France (41)

ANNE DE BRETAGNE ET LA PERTE DE L'INDÉPENDANCE

le 10 août 1488	Par le traité du Verger, _____ __, duc de Bretagne, promet de ne marier ses filles qu'avec le consentement du roi de France.
le 9 septembre 1488	François, qui a été duc pendant _____ ____, meurt. Sa fille aînée Anne, âgée de onze ans, lui succède.
décembre 1490	Malgré la promesse de son père, Anne épouse – par procuration – _____ _' _____ qu'elle n'a jamais recontré. Furieux, Charles VIII, le roi de France, envoie aussitôt une armée en Bretagne.
le 15 novembre 1491	L'armée royale _' _____ __ _____. Peu après, une assemblée de légistes et d'évêques déclare nul le mariage de la duchesse Anne et de Maximilien.
le _ _____ ____	Anne, qui ne peut plus échapper à son sort, se marie, à Langeais, avec Charles VIII. Il est convenu qu'en cas de décès du roi sans enfant, Anne épousera son successeur.
le 18 avril 1498	Charles VIII _____ _____. Anne, qui est restée duchesse de Bretagne, retourne dans son duché car le nouveau roi, Louis XII, est marié.
le _ _____ ____	Anne redevient reine en épousant Louis XII qui, en hâte, a répudié sa première femme. Mais le roi promet qu'il garantira les libertés, institutions et coutumes du duché.
le 9 janvier 1514	____ __ _____ meurt. Sa fille Claude, héritière du duché, épouse peu après _____ _' _____, qui deviendra, en 1515, François 1er, roi de France.
le 4 août 1532	Claude ayant cédé son duché à la couronne, François 1er décide de prendre le pas définitif: il ____ _____ _' _____ de la Bretagne à la France par les Etats réunis à Vannes. Quelques jours plus tard, le roi publie un édit qui garantit les droits et les privilèges de la Bretagne, *unie sous certaines conditions au royaume de France, et non soumise.*

B. La réunion de la Bretagne à la France (41)

ANNE DE BRETAGNE ET LA PERTE DE L'INDÉPENDANCE

le __ ____ ____	Par le traité du Verger, François II, duc de Bretagne, promet de ne marier ses filles qu'avec le consentement du roi de France.
le 9 septembre 1488	François, qui a été duc pendant trente ans, meurt. Sa fille aînée Anne, âgée de ____ ___, lui succède.
décembre 1490	Malgré la promesse de son père, Anne épouse – par procuration – Maximilien d'Autriche qu'elle n'a jamais recontré. Furieux, _____ ____, __ ___ __ _____, envoie aussitôt une armée en Bretagne.
le 15 novembre 1491	L'armée royale s'empare de Rennes. Peu après, une assemblée de légistes et d'évêques _____ ___ le mariage de la duchesse Anne et de Maximilien.
le 6 décembre 1491	Anne, qui ne peut plus échapper à son sort, se marie, à Langeais, avec _____ ____. Il est convenu qu'en cas de décès du roi sans enfant, Anne épousera son successeur.
le 18 avril 1498	Charles VIII meurt accidentellement. Anne, qui est restée duchesse de Bretagne, _____ ____ ___ _____ car le nouveau roi, Louis XII, est marié.
le 8 janvier 1499	Anne redevient reine en _____ _____ ___ qui, en hâte, a répudié sa première femme. Mais le roi promet qu'il garantira les libertés, institutions et coutumes du duché.
le 9 janvier 1514	Anne de Bretagne meurt. __ _____ _____, héritière du duché, épouse peu après François d'Angoulême, qui deviendra, en ____, François 1er, roi de France.
le 4 août 1532	Claude ayant cédé son duché à la couronne, François 1er décide de prendre le pas définitif: il fait ratifier l'union de la Bretagne à la France par ___ _____ _____ _ _____. Quelques jours plus tard, le roi publie un édit qui garantit les droits et les privilèges de la Bretagne, *unie sous certaines conditions au royaume de France, et non soumise.*

66

Le «problème breton» (41)

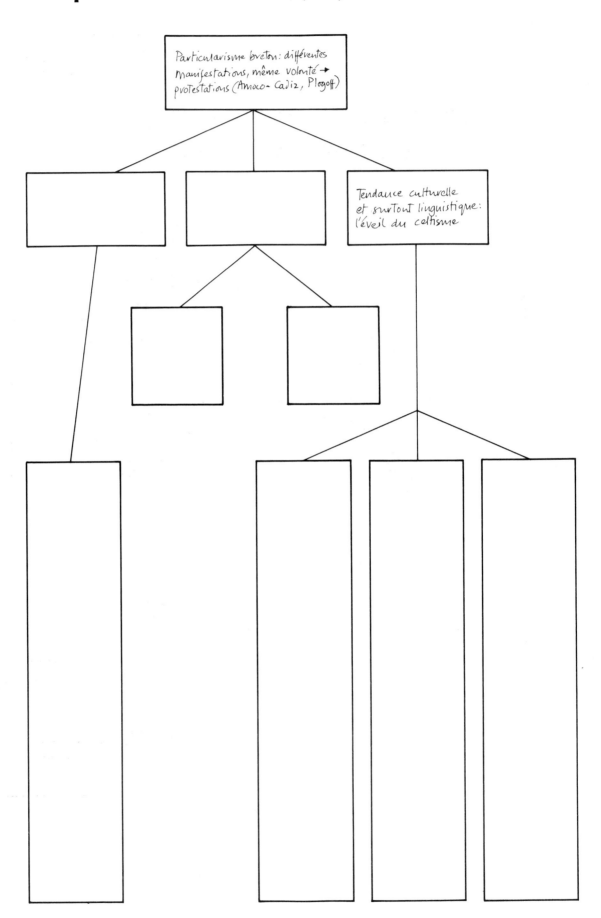

A. Les principales étapes ... (42)

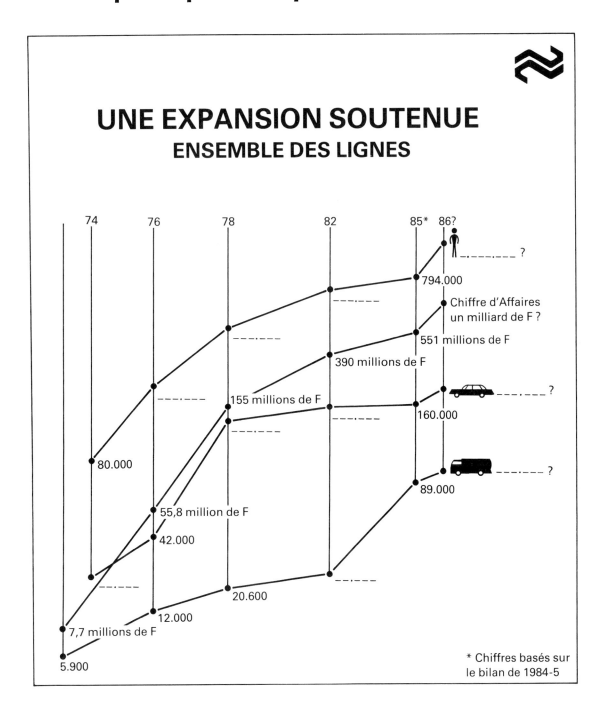

UNE EXPANSION SOUTENUE
ENSEMBLE DES LIGNES

74 76 78 82 85* 86?

?

794.000

Chiffre d'Affaires
un milliard de F ?

551 millions de F

390 millions de F

155 millions de F

?

160.000

?

80.000

89.000

55,8 million de F

42.000

20.600

12.000

7,7 millions de F

5.900

* Chiffres basés sur
le bilan de 1984-5

68

LE PLUS GRAND HÔTEL DE L'OUEST

Avec un chiffre d'affaires d'environ 90 millions de francs, l'hôtel Brittany Ferries est le plus grand hôtel de l'Ouest:

- ____ chambres (cabines)
- ____ ____
- 14 ou ____ places de _____
- ____ personnes, environ, chaque jour en permanence au seul service de leurs 3300 clients (été): Commissaires, Intendants, Chefs de cuisine, Maîtres d'hôtel, Hôtesses, Barmen, Garçons de cabines ou d'office, Cuisiniers, Infirmières et même Pianiste . . .

Chaque jour en saison:
- ____ nouveaux draps
- ____ oreillers serviettes et savonnettes.*

*Chiffres de 1982

B. Les principales étapes ... (42)

LES ÉTAPES D'UNE CONSTRUCTION
1972–1982

————		Création de la société BAI. Objet: transporter outre-Manche les produits agricoles du Nord-Finistère.
1973	Plymouth – _____	Premier voyage, le 2 janvier, du car-ferry _____.
1976	_____ – _____ - ____	Acquisition d'__ _____ _____, l'Armorique.
————		_____ _'__ _____ _____, le Cornouailles, pour la ligne de _____ – _____.
1978	_____ – _____ (Irlande)	Acquisition d'un 4e navire, le Prince of Brittany. (Ligne saisonnière d'abord, puis _____.)
————	_____ – Santander (Espagne)	L'une des plus _____ _____ __ ___ – _____ _'_____. (Ligne _____ d'abord, puis _____.)
1985	_____ – _____/ _____	Participation (un tiers) dans la société _____ _____ _____.
————	Cherbourg– Poole	_____ __ _____, qui garde son nom. Transportation saisonnière de _____.
————	_____ – Ouistreham (Caen)	_____ _'__ bateau jumbo, le Duc de Normandie: _____ passagers et 400 voitures.

A. Quelques chiffres sur la Bretagne (43)

La population bretonne

Après son premier record de 19___ (2 602 000 habitants), la population de la Bretagne était _____ en 1946 à _ ___ ___, ce qui correspond à une diminution d'à peu près 11%. Mais elle n'a cessé depuis de _____ pour atteindre, en 1981, un total de 2 665 000 habitants, ce qui représente un _____ de la population nationale.

Au début du siècle, quatre Bretons sur cinq habitaient à la campagne: aujourd'hui, la population rurale n'est estimée qu'à __%, un taux encore nettement supérieur à la moyenne nationale.

De leur côté, les villes bretonnes se sont _____ _____, le taux d'urbanisation étant aujourd'hui voisin de 60%. Mais ce dynamisme urbain a renforcé l'opposition traditionnelle entre l'**armor**, le «_____ __ __ ____», et l'**argoat**, le «pays des bois», par extension l'intérieur, puisque la _____ ___ citadins habitent en zone littorale. En effet, une bande de 15 km le long de la mer (soit __% du _____) rassemble la moitié de la population de la région et _____ ___ ____ _____ de sa population urbaine. A l'exception de la ville de Rennes (229 000 habitants en 19___), la plupart des grandes agglomérations de la Bretagne – par exemple Brest (___ ___), Lorient (106 000) et Saint-Brieuc (82 000) – se situent dans cette bande côtière.

B. Quelques chiffres sur la Bretagne (43)

La population bretonne

Après son premier record de 1911 (_ ___ ___ habitants), la population de la Bretagne était tombée en 1946 à 2 336 000, ce qui correspond à une diminution d'_ ___ ____ __%. Mais elle n'a cessé depuis de croître pour atteindre, en 1981, un total de _ ___ ___ habitants, ce qui représente un vingtième de la population nationale.

Au début du siècle, _____ Bretons ___ ____ habitaient à la campagne: aujourd'hui, la population rurale n'est estimée qu'à 40%, un taux encore nettement supérieur à __ _____

_____.

De leur côté, les villes bretonnes se sont considérablement développées, le taux d'urbanisation étant aujourd'hui _____ __ __%. Mais ce dynamisme urbain a renforcé l'opposition traditionnelle entre l'**armor**, le «pays de la mer», et l'_____, le «pays des bois», par extension l'intérieur, puisque la majorité des citadins habitent en zone littorale. En effet, une bande de 15 km le long de __ ___ (soit 22% du territoire) rassemble __ _____ de la population de la région et près des deux tiers de sa population urbaine. A l'exception de la ville de _____ (229 000 habitants en 1975), __ _____ des grandes agglomérations de la Bretagne – par exemple Brest (191 000), Lorient (___ ___) et Saint-Brieuc (82 000) – se situent dans cette bande côtière.

Quelques aspects de l'économie bretonne (43)

1. INDUSTRIE

Le développement industriel de la Bretagne a constitué sans relâche l'objectif prioritaire des politiques économiques qui se sont succédées depuis le début des années 60 jusqu'aujourd'hui. Les effets de la crise internationale n'ont évidemment pas manqué de toucher la Bretagne comme les autres régions françaises, mais il est nettement apparu que celle-ci avait aujourd'hui atteint une réelle capacité de résistance qui lui a notamment permis de maintenir à niveau son volume d'emplois industriels, alors que celui-ci était amené à se réduire à l'échelle nationale.

L'impératif industriel en Bretagne

Fondé au départ sur la double observation d'un secteur industriel très peu développé et d'une rapide décroissance des emplois agricoles, l'objectif d'industrialisation pouvait apparaître très élevé.

En 1954, et même encore en 1962, avec 130 000 emplois, l'industrie bretonne (hors Bâtiment-T.P.) ne représentait que 12% de la population active régionale, quand cette proportion était de 29% en France. Le Bâtiment et les Travaux Publics, avec 68 000 emplois, n'atteignaient pas 7% du total des emplois. Au total, le secteur secondaire ne procurait en Bretagne que moins de 19% des emplois en 1954, et à peine 21% en 1962, au lieu de 35 et 38% en France, aux mêmes dates. L'écart était presque du simple au double.

Les étapes de la croissance

L'évolution de l'emploi dans le secteur secondaire peut se lire dans le tableau ci-dessous. On peut distinguer plusieurs étapes dans ce processus: une première jusqu'au début des années 60, qui se caractérise à la fois par la disparition d'activités anciennes (fonderies, industries du cuir, baisse d'activité dans les conserveries, etc.) et par les premières implantations d'origine extérieure, c'est-à-dire les décentralisations (Citroën à Rennes, Michelin à Vannes, CSF à Brest, le Joint Français à St-Brieuc...). La compensation se fait, en termes d'emplois, entre les deux mouvements.

La seconde étape se déroule jusqu'en 1968 et se caractérise cette fois par un gain direct d'emplois, dûs aux effets de la décentralisation industrielle et aux premières manifestations d'une renaissance du tissu industriel régional. Ce mouvement se poursuit à un rythme de forte croissance, dans une troisième étape jusqu'en 1974.

Sur l'ensemble de la période, plus de 50 000 emplois ont été créés dans l'industrie et 35 000 environ dans le Bâtiment et les Travaux Publics, qui, pour leur part, ont dû leur croissance à l'urbanisation, au développement des activités économiques elles-mêmes (agricoles et industrielles) et à la politique d'équipement lancée en Bretagne, surtout à partir de 1968.

On voit dans le tableau ci-dessous comment le «poids industriel» relatif de la Bretagne n'a cessé, spécialement depuis 1968, de s'améliorer et, surtout, comment il ne s'est pratiquement pas dégradé depuis les effets de la crise internationale, à l'inverse de ce qui s'est produit au niveau national.

U: 1 000 emplois	1954	1962	1968	1975	Est. 1981	Evolution %
Industrie	130	130	150	182	181	+ 39,2%
Bâtiment-T.P.	68	77	104	103	102	+ 50,0%
Total secondaire	198	207	254	285	283	+ 43,0%
% de la population active	18,4	20,9	25,6	28,8	28,2	+ 9,8 points

Les structures de l'appareil industriel

En l'absence de passé industriel, au sens où on l'entend dans d'autres régions, les structures régionales se caractérisent en ce domaine par une très nette prééminence des petites et moyennes industries qui, dans un certain nombre de branches – comme celles de l'agro-alimentaire par exemple – sont directement issues d'un artisanat développé. Les grandes entreprises, ou les grands établissements industriels, sont peu nombreux en Bretagne et ne représentent environ que 30% de l'emploi industriel régional au lieu de plus de 50% en France entière.

La forte dominance de l'entreprise moyenne ou petite est évidente en Bretagne. Il est peu douteux aujourd'hui que face aux problèmes de reconversion ou d'adaptation industrielle, cette structure a déjà su prouver sa capacité de résistance: l'emploi industriel a baissé de plus de 5% en France de 1975 à 1980; il n'a pratiquement pas varié en Bretagne sur la même période.

Branches industrielles et spécificités régionales

Rangées par ordre décroissant d'importance numérique, les branches industrielles se répartissent de la façon suivante en Bretagne (en nombre de salariés, estimés au 1er janvier 1981):

• ind. de la viande et du lait	21 230	12,5%
• autres industries agro-alimentaires	20 745	12,3%
• construction navale	19 640	11,6%
• ind. électriques et électroniques	16 990	10,0%
• construction automobile	15 755	9,3%
• matériaux de construction	10 255	6,0%
• bois-ameublement	9 550	5,6%
• ind. des métaux-fonderie	9 315	5,5%
• construction mécanique	8 875	5,2%
• textile-habillement	8 190	4,8%
• énergie	6 550	3,9%
• imprimerie, presse, édition	4 870	2,9%
• caoutchouc, plastique	3 805	2,2%
• chimie, pharmacie	3 720	2,2%
• cuir, chaussure	3 570	2,1%
• divers	3 215	1,9%
• papier, carton	2 360	1,4%
	168 835	100%

Cette classification fait apparaître certaines spécificités particulières à la Bretagne: c'est tout d'abord le poids des industries agro-alimentaires qui, au total, fournissent près du quart de l'emploi industriel régional. C'est une proportion très nettement supérieure à celle que l'on trouve au niveau national (9,1%). Il n'est pas douteux que c'est là l'un des traits les plus frappants de l'économie régionale, mettant en évidence les liens entre une agriculture dynamique, la transformation industrielle et, sur un autre plan, les effets qui en résultent au niveau des transports, maritimes ou terrestres, et de nombreux services.

Mais d'autres particularités méritent d'être signalées: l'ensemble des emplois salariés relevant des secteurs Métaux, Fonderie, Mécanique, Construction navale, Automobile atteint le chiffre de 53 500 et la proportion de 31% du total des emplois industriels. Il s'agit là d'un ensemble d'activités différentes, mais qui dément l'idée de la faiblesse en Bretagne de l'industrie mécanique au sens large.

Les mêmes observations valent pour les branches de l'industrie électrique et électronique: 10% des emplois industriels régionaux, soit sensiblement la même proportion qu'à l'échelle nationale. Il s'agit en fait essentiellement ici des industries électroniques (et spécialement de la téléphonie) installées en Bretagne à partir des années 60, dans l'orbite du Centre National d'Etudes des Télécommunications (CNET) à Lannion, puis d'une expansion sur l'ensemble de la région et aujour-d'hui de l'apparition d'un certain nombre de PMI*, hautement spécialisées et étroitement liées à la recherche.

Des efforts d'équipement

L'essor industriel de la Bretagne n'aurait pu être réalisé sans une nette amélioration des moyens de communication. Le téléphone et le réseau routier en ont le plus profité. En revanche, malgré les progrès récents de l'électrification, la desserte ferroviaire n'est pas brillante et attend une nouvelle modernisation.

En ce qui concerne l'énergie, la Bretagne a longtemps souffert d'un sous-équipement qui expliquait à son tour, du moins en partie, sa sous-industrialisation. Le débat passionné sur l'énergie nucléaire ne doit en aucun cas cacher la nécessité pour la Bretagne d'être équipée d'au moins une centrale de production d'énergie électrique, car à moins de freiner le développement des consommations industrielles ou domestiques, la région risque d'être en rupture physique d'approvisionnement avant 1990.

*PMI = petites ou moyennes industries

2. AGRICULTURE

Une agriculture qui sort de son isolement

La première révolution agricole du XIXe siècle avait apporté à la Bretagne d'indéniables améliorations: utilisation des engrais, culture du blé et de la pomme de terre. Les plaines côtières étaient devenues de riches jardins maraîchers. Depuis les années 50, une seconde révolution a bouleversé, par une succession de profondes transformations, l'agriculture de la région.

● **La transformation des cadres socio-économiques.** Au cours des dernières décennies, les effectifs paysans ont fortement reculé: les paysans étaient 600 000 au début des années 50; ils sont 200 000 aujourd'hui. Parallèlement, le nombre des exploitations agricoles a reculé de 139 000 unités entre 1955 et 1975 (soit la disparition de près d'une exploitation sur trois). Les petites exploitations ayant été les plus touchées par ces abandons, la taille moyenne des exploitations agricoles a progressé, mais demeure inférieure à la moyenne nationale.

● Autre transformation de taille: le succès tardif mais remarquable des **coopératives agricoles**, principalement dans le secteur des productions animales et des primeurs. En Bretagne, trois grands groupes coopératifs contrôlent la moitié de la production agricole; parmi eux, la «Coopérative des Agriculteurs de Bretagne» est la plus importante de France, par le nombre de ses adhérents: près de 50 000.

● **La transformation des paysages.** L'agriculture de la région s'est mécanisée; elle a donc nécessité un **remembrement** qui a progressé particulièrement vite (45% des terres sont remembrées) et a entraîné l'élimination de dizaines de milliers de kilomètres de haies. En effet, seuls les inconvénients de celles-ci furent d'abord considérés: gêne pour la manœuvre des gros engins agricoles, perte de place, ombre sur les plantes cultivées, etc.; mais leur destruction systématique a permis de prendre conscience de leurs avantages: protection contre le vent et l'érosion des terres; rétention d'eau.

Résultat de toutes ces transformations: la Bretagne est devenue la première région agricole de France par l'importance qu'a pris chez elle l'élevage. Au titre de certaines de ses productions (viande, lait), elle est comparable à la Hollande ou au Danemark. Et le développement de l'activité agricole a exercé son influence sur d'autres secteurs de l'économie bretonne: industries agro-alimentaires (20 000 emplois depuis 1954), trafic portuaire (entrées de matières pour l'alimentation animale, exportations de viande), bâtiment-travaux publics (bâtiments d'élevage, voirie), etc., etc.

Les productions légumières

Dans le domaine des productions végétales, les productions céréalières sont loin d'être comparables à celles des grandes régions productrices françaises. Ce n'est pas là la vocation bretonne, bien qu'avec une production moyenne (1979–80) de 20 millions de quintaux de céréales, la région ait encore produit près de 5% de la production nationale. Céréales et plantes fourragères sont aujourd'hui destinées de manière presque exclusive à l'alimentation animale. A cet égard, si les céréales traditionnelles (blé, orge, avoine) ont décliné depuis plusieurs années, la culture du maïs, et notamment du maïs-grain, s'est considérablement développée.

PRODUCTIONS VÉGÉTALES – 1980 Rapport à la production nationale		
Céréales (millions de quintaux)	20,7	4,8%
Pommes de terre (1 000 qx) primeurs et nouvelles	1 687	33%
de conservation	5 000	11%
de semence	1 886	66%
Artichauts (1 000 qx)	648	64%
Choux-fleurs	3 076	68%
Haricots verts	480	26%
Haricots à écosser	114	26%
Petits pois	433	24%
Carottes	509	10%

C'est par contre dans le domaine des productions légumières que la Bretagne tient une grande place. Ces productions, en général concentrées sur le littoral, atteignent des proportions importantes dans l'ensemble national.

74

Les productions animales

C'est dans ce domaine que les progressions sont les plus importantes et que l'on mesure le mieux la place qu'occupe la Bretagne dans le pays. Elles se vérifient aussi bien à l'évolution du cheptel qu'à celle des productions de viande.

Le tableau démontre que l'agriculture bretonne détient près de la moitié de l'élevage porcin français et plus de la moitié de l'élevage de dindes, qui aura été multiplié par 8 en moins de 10 ans ...

Sur le plan des productions de viande proprement dites, les productions et les évolutions sont du même type. Il se trouve ici que deux secteurs sont particulièrement prééminents: l'élevage et la production porcine d'une part, et d'autre part, tout le secteur de l'avicul-

ture. Dans l'un et l'autre des cas, c'est globalement près de la moitié de la production française qui est assurée par l'élevage breton, où les techniques et les méthodes employées sont celles de l'économie d'entreprise. C'est par l'élevage hors-sol, aujourd'hui généralisé pour ce qui est des productions de porcs et de veaux, comme de l'aviculture, que les progressions aujourd'hui observées ont pu être atteintes.

Il convient d'y ajouter la production laitière, en très forte progression et assurant ici aussi la première place depuis plusieurs années à la Bretagne parmi les régions françaises. L'industrie laitière a connu un essor considérable et des productions, inconnues il y a peu d'années en Bretagne, s'y sont développées, en particulier les productions fromagères.

ÉVOLUTION DU CHEPTEL
(Unité: 1 000)

	1970	1979	Evolution	% Production nationale
Bovins	2 242	2 835	26,4%	12,2%
dont vaches laitières	1 199	1 348	12,5%	18,5%
Porcins	3 172	4 897	54,3%	44 %
Poules	12 300	27 907	126,8%	39 %
Poulets de chair	16 300	25 975	59,3%	33 %
Dindes et dindons	1 020	8 389	722 %	53 %
Pintades	1 670	2 941	76 %	21 %

Mon père était fermier du châtelain: «notre maître» disait-on alors. Moi, j'ai quitté l'école en 1938, à 13 ans, pour travailler avec mon père ... Aujourd'hui, quarante-cinq ans plus tard, je suis président de la première coopérative productrice de porcs en France. J'élève, moi, 500 truies et j'ai aussi un «atelier» de 130 000 poules pondeuses. Comme vous le voyez, j'ai un train de vie de cadre supérieur ... mais au fond je suis resté paysan.

Sébastien C., agriculteur breton

En quelques années, la Bretagne est devenue numéro un national du lait, a produit 45% des porcs français, un tiers des œufs, 65% des pommes de terre. En volailles, en légumes, on a battu sans cesse des records. La technicité, ici, est une des meilleures du monde. On a énormément travaillé, progressé. Mais la crise de la fin des années 70 nous a fait passer de la confiance à l'inquiétude ... La Bretagne dépend de décisions prises à Bruxelles: décisions sur le cours du porc, l'instauration de quotas laitiers, etc. Et l'élargissement de la CEE à l'Espagne et au Portugal va nous poser encore des problèmes, car leurs producteurs de légumes seront des concurrents redoutables: ils sont favorisés par le climat et aussi par les bas salaires.

Anne-Marie L., syndicaliste agricole

3. ÉCONOMIE CÔTIÈRE

Les ports de commerce

Avec ses 1 500 km de littoral, la Bretagne est à cet égard la région la plus maritime de France. Le nombre de ses ports, petits ou moyens, est également considérable: 22 ports de commerce et 34 ports de pêche. A peu près un Breton sur dix vit directement des activités liées à la mer.

Dans la hiérarchie portuaire, les ports de commerce bretons apparaissent comme des ports «moyens» pour au moins trois d'entre eux, Brest, Lorient et St-Malo, et comme ports de desserte locale pour l'ensemble des autres. En fait, leur fonction à tous est une fonction régionale, et le transport maritime en Bretagne apparaît, nettement plus que dans d'autres régions, comme un moyen normal d'approvisionnement régional: environ 40% du total des échanges bretons sont assurés par voie maritime.

De 1966 à 1980, le trafic global de la Bretagne est passé de 3,6 millions de tonnes à près de 8 millions, soit près de 120% d'augmentation. Sur la même période, l'augmentation nationale est exactement de 100% (160 millions-320 millions). Les trois «grands ports bretons», Brest, Lorient et St-Malo, ayant dépassé chacun les 2 millions de tonnes, assurent maintenant les trois quarts du trafic régional.

Le tableau suivant montre la composition des trafics portuaires. On notera, en 1ère position, les importations de denrées alimentaires, destinées pour l'essentiel à l'alimentation animale.

Unité: 1 000 T	Entrées	Sorties	Total	%
Produits agricoles	343	120	463	5,7
Denrées alimentaires	2 184	365	2 549	31,8
Charbon	104	14	118	1,5
Produits pétroliers	1 794		1 794	22,4
Minerais, produits métallurgiques	48	6	54	0,7
Matériaux construction	1 293	57	1 350	16,8
Engrais	1 005	26	1 031	12,8
Produits chimiques	80	3	83	1,0
Marchandises diverses	303	264	567	7,0
Total	7 156	856	8 012	100

Le déséquilibre entre les entrées et les sorties, souvent signalé, a tendance aujourd'hui à se réduire. Les exportations des ports bretons ne représentaient en 1976 que 6,2% du trafic total. En 1980, elles sont voisines de 11%. Ceci est dû essentiellement à l'activité de 3 ports: Roscoff et St-Malo, d'une part, dans leur trafic avec la Grande-Bretagne, mais aussi, pour le second, dans ses exportations de produits ag-ricoles, notamment ves l'Europe de l'Est; et Brest d'autre part, qui est devenu premier port exportateur européen de viande de poulets, spécialement sur les pays du Moyen-Orient.

La réparation navale

Avec ses deux grands bassins destinés à l'entretien des pétroliers et sourtout des super-tankers, Brest est devenu un véritable «station-service de l'océan». La réparation navale constitue, en effet, un vaste complexe capable d'employer un millier de salariés. Mais le port subit durement la crise mondiale que connaît ce secteur d'activité.

Le tourisme

Seconde région touristique de France, après la Provence-Côte d'Azur, pour le nombre de journées-vacances (de l'ordre de 85 millions en 1980), la Bretagne reste essentiellement une région de tourisme familial, littoral (plus de 85% des flux touristiques), estival (80% des journées de vacances en juillet et août) et national (moins de 10% des vacanciers d'été sont étrangers).

Les équipements touristiques sont diversifiés, assez bien répartis sur le littoral et de bonne qualité. Le potentiel d'hébergement est important: 35 000 chambres d'hôtel, 21 000 places de terrains de camping, 145 000 résidences secondaires, 40 000 places en colonies de vacances, 16 000 places en maisons familiales et villages de vacances, plus de 10 000 places en gîtes ruraux, soit au total près d'un million de places.

En matière d'équipements de loisirs, la région se caractérise surtout par la densité des écoles de voile (près de 200, dont l'école nationale à Beg-Rohu) et des ports de plaisance et bases nautiques (plus de 30 en place, dont plus d'un tiers pour les bateaux de plus de 2 tonneaux).

Des efforts sont menés depuis plusieurs années pour étaler la saison, développer le tourisme d'affaires et accroître la part du tourisme étranger. Il faut aussi mentionner l'efficacité de la politique visant à étendre et diversifier le tourisme dans l'intérieur: des formules originales d'hébergement (gîtes ruraux, chambres d'hôtes, fermes-auberges, camping à la ferme, roulottes hippomobiles, house boats ...) et de loisirs, mises en valeur par une politique active d'animation, ont permis de renforcer l'attraction des sites naturels et du patrimoine monumental, la mer et les plages restant cependant de très loin le pôle principal d'attraction touristique.

Un des objectifs majeurs pour les années à venir en matière de tourisme devrait être d'accroître le nombre des emplois permanents directement liés à cette activité, qui est actuellement inférieur à 15 000, auxquels s'ajoutent une vingtaine de milliers de saisonniers.

La pêche

Activité très ancienne de la région, la pêche bretonne, qui avait déjà entrepris de grands efforts de modernisation, a subi au cours des récentes années des difficultés nouvelles, essentiellement dues à l'élévation considérable du prix du carburant, à l'épuisement des mers bordières, à la concurrence des poissons surgelés de provenance lointaine et à un certain nombre de problèmes de mise en oeuvre de la politique européenne des pêches. Ces difficultés, qui ont d'ailleurs surtout touché la pêche industrielle, ont amené à un nouvel effort d'adaptation qui commence de porter ses fruits. La Bretagne reste néanmoins la première grande région de pêche en France, puisqu'elle représente à peu près la moitié de l'activité nationale en ce domaine.

Il faut distinguer diverses formes de pêche en Bretagne:

● **La pêche industrielle**, qui se caractérise par l'utilisation de bateaux de fort tonnage, se pratique sur des zones de pêche éloignées (Mer d'Irlande, Mer du Nord) et suppose des campagnes relativement longues. Ce type de pêche s'effectue à partir de Lorient et pour une large part de Concarneau.

● **La pêche artisanale**, qui recourt à des bateaux de moindre tonnage, mais encore importants, et dont les zones de capture sont plus proches (mais vont jusqu'au Golfe de Gascogne) et les campagnes moins longues – de quelques jours –, est basée pour l'essentiel dans les ports du Sud-Finistère (Concarneau, Guilvinec, Loctudy, St-Guénolé-Penmarc'h, Audierne).

● **La pêche côtière**, qui intéresse de très nombreux petits ports de toute la côte bretonne, spécialement sur la côte Nord.

Il s'agit là d'organisations différentes de la pêche, concernant des variétés et des qualités différentes de captures, ce qui entraîne aussi des marchés et des circuits de vente différents.

Il faut encore mentionner la «grande pêche» à la morue, sur les bancs de Terre Neuve, au départ de St-Malo. C'est là aujourd'hui une activité moins importante qu'autrefois et St-Malo s'est reconverti en port de pêche fraîche.

Enfin, il existe une activité considérable de pêche au thon au large des côtes d'Afrique, assurée par une flotille de thoniers-senneurs-congélateurs très modernes et dont une large part des captures est débarquée à Concarneau.

A part Boulogne (1ère place) et La Rochelle (5e), les principaux ports de pêche français sont en Bretagne. Leurs résultats en 1980:

	Quantités (en tonnes)	Valeurs (en 1 000F)
Lorient	66 437	375 010
Concarneau	62 749	390 194
Le Guilvinec	18 296	155 761
Douarnenez	16 073	113 723

Il faut ajouter à de tels résultats ceux qui concernent les ports de la côte Nord, plus spécialisés dans la pêche côtière, les crustacés, les coquilles St-Jacques. Entre St-Brieuc et Brest, c'est environ encore 15 000 tonnes et 130 millions de francs qu'il faut compter.

Au total, la production bretonne avoisine 210 000 tonnes, soit à peu près 42% de la production nationale, et une valeur au débarquement proche d'un milliard et demi de francs, soit pratiquement la moitié de la valeur des pêches françaises.

En termes de population active, on peut estimer à 12 000 emplois directs le secteur de la pêche proprement dit, mais ce que l'activité entraîne c'est aussi la construction navale (environ 8 000 emplois), les industries alimentaires (5 600 emplois), le matériel pour l'industrie des pêches (800), et, dans le secteur tertiaire, le commerce de gros ou de détail des pêches (4 300 emplois), les transports terrestres de marée (1 000 emplois), l'industrie du froid, etc. C'est au total environ 35 000 emplois qui sont liés directement à la pêche. Les effets indirects vont naturellement au delà de ce total.

Quand des espèces périssent (47)

A.

la mort du loup

150 lions à peine subsistent dans l'immense Asie qu'ils occupaient naguère du Proche à l'Extrême-Orient.

Des voyageurs parcourent l'Afrique sur des milliers de kilomètres sans rencontrer aucun des animaux qui peuplèrent nos premières lectures d'enfants.

En 300 ans, 280 espèces d'oiseaux et de mammifères ont totalement disparu. 450 sont actuellement directement menacées.

La liste rouge, dressée par les autorités internationales, des animaux qui disparaîtront à court terme si rien n'est entrepris efficacement pour leur sauvegarde, énumère le loup d'Abyssinie comme le guépard d'Asie, le phoque-moine de Méditerranée comme l'âne sauvage de Somalie, le daim de Mésopotamie comme l'aigle impérial d'Espagne.

«Autant vous le dire tout de suite: le tigre va disparaître de l'Inde comme il a disparu ailleurs.

Il y a quinze ans, en comptant les traces aux points d'eau, on en recensait 42 000. L'année dernière, il en restait 1 800 ... En 1969, les Américains ont importé 133 064 peaux d'ocelots, 9 831 dépouilles de jaguars. En Afrique, la panthère – ou léopard – s'est raréfiée en 5 ans. En Iran un seul guépard était encore vivant en 1963. Prétendre arrêter le massacre en réprimant la chasse ou le braconnage est une utopie. La solution c'est de stopper toute commercialisation de la fourrure de ces félins tachetés ...»

Quand s'exprime ainsi le Président d'honneur de Panda-jeunesse, nous sommes tous concernés.

ils ne savent plus où se mettre

Inconscient ou criminel, imprévoyant ou volontaire, toujours stupide et suicidaire, le massacre va bon train!

La perte de l'habitat essentiel pour les espèces, les défrichements trop rapides, les assèchements de marais systématiques, restreignent tellement l'espace vital des animaux sauvages qu'il peut être réduit à néant dans les pays densément peuplés.

En Afrique comme en Asie, en Europe comme en Amérique il faudra implanter progressivement des parcs protégés, véritables sanctuaires de la nature, qui assureront la conservation d'un certain nombre de représentants de toutes les espèces actuellement encore en vie.

C'est ainsi que la pustza, la steppe hongroise, vient d'être transformée en Parc National par l'Office de Conservation de la Nature. Aucune industrie ne sera tolérée sur 52 000 hectares.

Des naturalistes, comme Jean Dorst, estiment que ces réserves intégrales devraient englober toutes les formes d'habitat, en particulier certaines zones marines proches du littoral. Ces conservatoires d'animaux et de plantes serviraient de laboratoires aux biologistes. Le public pourrait par contre accéder aux parcs régionaux qui les entoureraient.

Cependant la constitution de ces îlots ne saurait en aucun cas nous donner bonne conscience et nous faire oublier que le problème de la préservation des équilibres naturels doit être conçu à l'échelle planétaire.

Nous devons trouver le plus juste équilibre entre la vie humaine et la vie animale.

B.

• *125 000 espèces sauvages*

La France abrite 120 000 espèces animales (5 à 10% des espèces terrestres) et 4 200 espèces de plantes, ce qui représente une flore très riche. Mais ...

– 75% des espèces végétales endémiques sont rares ou menacées et 18% très menacées.

– Quant aux oiseaux, il reste 5 ou 6 couples de baluzards pêcheurs, 10 à 15 de gypaètes barbus, 50 à 80 de grands ducs.

– Même le hérisson, la taupe, le lièvre, le lérot sont en régression.

Quelles sont les causes principales de ces disparitions? Le prélèvement excessif est source de raréfaction. La cueillette des plantes les plus belles, ou des espèces utilisables industriellement, le ramassage d'insectes par des collectionneurs irréfléchis contribuent à porter atteinte à de nombreuses espèces. D'autres sont victimes de la pêche ou de la chasse: 2,2 millions de Français sont chasseurs avec des armes de plus en plus perfectionnées, des routes de plus en plus nombreuses qui permettent de pénétrer en voiture au plus profond de la campagne. Le gibier n'y a pas résisté!

De nombreuses pratiques agricoles renforcent la pression de la pêche ou de la chasse et de la cueillette sur la flore et la faune sauvages. La suppression des haies et des talus porte préjudice aux rapaces, aux reptiles, aux coccinelles, aux hyménoptères; la monoculture perturbe les équilibres entre espèces. La mécanisation consomme une partie de la faune prise au dépourvu par les passage des engins, les pesticides abaissent par différents mécanismes la fécondité de nombreux oiseaux.

Enfin, la destruction de certains milieux originaux comme les tourbières et les dunes entraîne inéluctablement la disparition des espèces qui leur sont inféodées.

Quels remèdes?

• *Vers une politique de l'environnement?*

Un certain nombre d'espèces animales sont maintenant protégées par la loi; encore faudrait-il que l'information auprès du public soit suffisante.

Les parcs nationaux, les réserves naturelles sont d'autres moyens de protéger la vie sauvage en préservant des écosystèmes.

Il importe de conserver ces écosystèmes, de préserver la flore et la faune sauvages. Pas d'un simple point de vue sentimental, pas d'un simple point de vue éthique, bien que ce ne soit pas négligeable, mais aussi du point de vue économique.

Actuellement, sur plusieurs milliers d'espèces végétales comestibles, 12 seulement participent à 80% à l'alimentation mondiale. Dans le stock génétique des espèces sauvages animales et végétales se trouve peut-être une solution à la famine endémique du monde ou un médicament miracle.

L'article 1 de la loi du 10.7.76 sur la protection de la nature déclare: «La protection des espèces naturelles et des paysages, la préservation des espèces animales et végétales, le maintien des équilibres biologiques auxquels ils participent et la protection des ressources naturelles sont d'intérêt général.»

Parfait! Cependant, dans les faits, il n'y a pas de véritable politique de l'environnement. Les décisions écologiques prises le sont sous la pression des associations, des contraintes économiques ou des directives européennes. Et encore. Toutes les décisions internationales ne sont pas appliquées et trop souvent les décrets d'application détournent la loi de son objet.

Pour et contre la piste de Terre Adélie (47)

Fonctionnaires

⟹ Liaisons par mer avec la Terre Adélie difficiles, solution la plus efficace: piste «en dur» à côté de la base scientifique (Dumont d'Urville).

⟹ Objectif de la piste: entretien de la base scientifique.

⟹ Possibilité de coexistence: oiseaux + piste; de la place.

⟹ Recherches en astrophysique, en géologie, etc. → Nécessité de la piste (transport d'équipements, de vivres, etc.).

⟹ Construction d'une piste sur neige à l'intérieur: aménagement annuel à cause des dégâts causés par l'hiver.

⟹ Coût d'autres solutions proposées plus élevé.

⟹ Intérêt national de la France: liaisons sûres.

⟹ Objections tardives: travaux déjà commencés, crédits engagés.

⟹ Etude d'Impact déjà entreprise par le gouvernement: jugement favorable.

⟹ Approvisionnement actuel (par bateau) 2 mois/12 seulement.

⟹ Précédent: utilisation de pistes par d'autres pays (URSS, Etats-Unis, Chili, GB).

⟹ Mesures de protection des oiseaux, prévues dans le projet de construction.

Ecologistes

⟹ Solution inacceptable: perturbation, destruction d'un site «d'un intérêt biologique exceptionnel» (selon commission gouvernementale).

⟹ Objectif surtout politique: affirmation de la présence française en Antarctique.

⟹ Coexistence = illusion. Centaines de nids, de poussins déjà détruites par travaux initiaux.

⟹ Recherches (non-biologiques) à l'intérieur du continent. Piste prévue sur la côte → l'intérieur.

⟹ Construction d'une piste à l'intérieur sur neige: emploi d'avions à ski (comme Etats-Unis, GB).

⟹ Aucun bilan comparatif du coût d'autres solutions possibles.

⟹ Coopération internationale > intérêt national (esprit scientifique).

⟹ Travaux existants: illegalité, clandestinité. Aucune ratification parlementaire.

⟹ Jugement sur Etude d'Impact entreprise par le gouvernement: «entièrement insuffisante» (selon un comité international).

⟹ Construction d'un bateau + performant: chantiers navals (chômage) besoin de commandes.

⟹ Précédent: utilisation de pistes sur glace, sur neige (pas «en dur») par d'autres pays.

⟹ Malgré la «protection» prévue dans projet, enlèvement fréquent des oeufs d'oiseaux (plaisanterie? humour noir?).

Grandes étapes de la décolonisation française (i) (49)

■ Les Empires français et britannique

Les deux grands empires mondiaux diffèrent tant en matière d'organisation que par leurs ressources humaines et matérielles.

L'Empire britannique, de loin le plus important, couvre en 1914   de km², et compte   d'habitants. Les «**dominions**», colonies de   , obtiennent dès 1931 leur indépendance au sein du «**Commonwealth**». Dans les   , les   et les territoires sous mandat, les Britanniques permettent un semblant d'   , l'«**indirect rule**».

L'Empire français couvre en 1914   et compte   d'habitants ramassés pour l'essentiel sur l'   et l'   ; il n'a aucune vraie colonie de   .

Dans les **colonies**:   ,   (Vietnam, Cambodge, Laos), Afrique occidentale et équatoriale, etc., dans les protectorats: ,   , etc., dans les pays sous mandat détachés des   :   ,   ,   , Togo, les Français exercent leur pouvoir sous forme d'

■ L'Union française

Etablie au lendemain de la 2ᵉ guerre mondiale, l'**Union française**, fédération des   , ne donne   aux territoires coloniaux: la France y conserve toute sa   .

Le premier **défi** est lancé par la «République démocratique   » déclarée en   par Hô Chi Minh.

■ L'Afrique noire

A la **Conférence de Brazzaville** (   ) au Congo, le général de Gaulle laisse entrevoir un   avec la métropole.

Revenu au pouvoir en 1958,   essaie de créer une   ; il reçoit, par voie de référendum dans les   (1958), un «   » éclatant qui les associe, comme   , à la France. Pourtant, l'   est réclamée, et obtenue,   en   , par la plupart des pays africains.

■ La guerre en Indochine (—   )

L'accord franco-vietnamien de 1946 reconnaît en principe l'   du Vietnam dans le cadre de   . A la **Conférence de   **, septembre 1946, la France est accusée par Pham Van Dhong de vouloir détruire l'accord   .

Ensuite, à Haïphong, des incidents policiers et douaniers provoquent des attentats   : la flotte française déclenche le   **de Haïphong** (morts vietnamiens). En décembre 1946, le   **de Hanoï** (victimes françaises) suscite une grande émotion à Paris. Bientôt Giap, le redoutable général vietnamien, crée l'**armée populaire** et lance une «   » de mouvement qui doit durer 8 ans et au cours de laquelle les troupes du «**Viêt-minh**» de Giap vont devenir de plus en plus   .

En   l'installation du camp de   , au   du Vietnam, a pour but de redresser la situation. A la   **de Diên Biên Phu**, en mai 1954, l'armée du Viêt-minh remporte une   sur   . Au **accords de Genève**, la France reconnaît   du Vietnam qui est «provisoirement»   au 17ᵉ parallèle. Le   et le   obtiennent à la même époque leur indépendance.

Dans le Sud du Vietnam, de 1955 à 1961, les   remplacent discrètement les Français. De 1965 à 1968, leur présence augmente de façon   car   hommes sont engagés contre le «**Vietcong**» et le Vietnam du Nord.

Dans l'**offensive du Têt** de 1968, le Vietcong démontre aux   combien ils   , même dans les villes. Finalement, à la **conférence de   ** (   ), les Etats-Unis acceptent la défaite; le martyre du peuple vietnamien a duré plus de   .

Bilan pour la France:

Tués: du côté français, près de   .

Coût de la guerre: quelque   d'anciens francs (presque £   de l'époque).

Dans l'opinion publique, surtout chez l'armée française,   va rester synonyme d'humiliation et d'amertume.

■ La guerre d'Algérie (1954–1962)

Lors de l'**insurrection** du   1954, une série d'attentats marque le   .
En France, la **répression** est approuvée par tous   sauf les   : la notion «**l'Algérie** =
      » est enracinée dans les esprits.
L'intransigeance des **Pieds-noirs**,   , et la résistance du **FLN** (   )
entraînent finalement la France à nouveau dans une guerre ruineuse et engagent un
d'hommes. C'est un **cycle infernal**: au terrorisme du FLN les Français répondent par d'autres excès:
     ,   sommaires, perquisitions.
En   , le **rapt de Ben Bella** et plusieurs autres   , dans un acte de   aérienne, rend tout
      impossible. Il ne reste que deux possibilités: la   ou l'   de
l'Algérie.
     Dans l'   du 13 mai 1958, des militaires de droite se révoltent contre la «faiblesse»
du   . Ils constituent un **Comité du Salut public** qui réclame aussitôt le   pour
     qu'ils croient   à l'«Algérie française». A Paris, l'**investiture** du général de Gaulle comme
président par les   désemparés marque la   **de la**   : une nouvelle   est
élaborée. A Alger, le 4 juin   , de Gaulle prononce sa fameuse phrase «   ». Que veut-il
dire? Français et Algériens attendent.
En 1959, de Gaulle se sent assez   pour offrir aux Algériens l'   .
Néanmoins, la guerre continue; la terreur répond à la terreur. Des militaires français d'Algérie forment
l'**OAS** (   ) et tentent un   contre de Gaulle en avril   .
De Gaulle lance un   «Françaises, Français,   -moi»: l'armée   ses généraux. Le
coup d'état est un   . Enfin, des **négociations** entre le GPRA (
) et le gouvernement français aboutissent le 19 mars au   .
Le 3 juillet 1962, à la suite d'un référendum en Algérie et en France (91% de «oui»), de Gaulle proclame
l'**indépendance de l'Algérie**. Les Algériens musulmans fêtent dans le délire la fin d'   . . . et
d'

Bilan pour la France

Tués: du côté français presque   . Côté algérien,   selon les Français,   selon le FLN.
Coût de la guerre: d'anciens francs (presque £   milliards de l'époque). Les Pieds-noirs,
Français d'Algérie, se réfugient à l'étranger, dont un million en France.

Grandes étapes de la décolonisation française (ii) (49)

■ Les Empires français et britannique

Les deux grands empires mondiaux différaient tant en matière d'organisation que par leurs ressources humaines et matérielles.

L'Empire britannique, de loin le plus important, couvrait en 1914 30 millions de km^2, et comptait 400 millions d'habitants. Les «**dominions**», colonies de peuplement blanc, obtinrent dès 1931 leur indépendance au sein du «**Commonwealth**». Dans les **colonies**, les **protectorats** et les territoires sous mandat, les Britanniques permettaient un semblant d'autorité locale, l'«**indirect rule**».

L'Empire français couvrait en 1914 12 millions de km^2 et comptait 69 millions d'habitants ramassés pour l'essentiel sur l'Afrique et l'Indochine; il n'avait aucune vraie colonie de peuplement européen.

Dans les **colonies**: Algérie, Indochine (Vietnam, Cambodge, Laos), Afrique occidentale et équatoriale, etc., dans les protectorats: Tunisie, Maroc, etc., dans les pays sous mandat détachés des Empires allemand et ottoman: Syrie, Liban, Cameroun, Togo, les Français exerçaient leur pouvoir sous forme d'**administration directe**.

■ L'Union française

Etablie au lendemain de la 2e guerre mondiale, l'**Union française**, fédération des pays d'outre-mer, ne donnait aucun pouvoir réel aux territoires coloniaux: la France y conservait toute sa souveraineté.

Le premier **défi** fut lancé par la «République démocratique du Vietnam» déclarée en 1945 par Hô Chi Minh.

■ L'Afrique noire

A la **Conférence de Brazzaville** (1944) au Congo, le général de Gaulle laissa entrevoir un nouveau type de relations avec la métropole.

Revenu au pouvoir en 1958, de Gaulle essaya de créer une **Communauté franco-africaine**; il reçut, par voie de référendum dans les territoires africains (1958), un «oui» éclatant qui les associa, comme républiques indépendantes, à la France. Pourtant, l'**indépendance** totale fut réclamée, et obtenue, en 1960 par la plupart des pays africains.

■ La guerre en Indochine (1946–1954)

L'accord franco-vietnamien de 1946 reconnaissait en principe l'indépendance du Vietnam dans le cadre de l'Union française. A la **Conférence de Fontainebleau**, septembre 1946, la France fut accusée par Pham Van Dhong de vouloir détruire l'accord franco-vietnamien.

Ensuite, à Haïphong, des incidents policiers et douaniers provoquèrent des attentats vietnamiens: la flotte française déclencha le **bombardement de Haïphong** (20 000 morts vietnamiens). En décembre 1946, le **massacre de Hanoï** (40 victimes françaises) suscita une grande émotion à Paris. Bientôt Giap, le redoutable général vietnamien, créa l'**armée populaire** et lança une «**sale guerre**» de mouvement qui devait durer 8 ans et au cours de laquelle les troupes du «**Viêt-minh**» de Giap allaient devenir de plus en plus audacieuses.

En 1953 l'installation du camp de Diên Biên Phu, au Nord du Vietnam, avait pour but de redresser la situation. A la **chute de Diên Biên Phu**, en mai 1954, l'armée du Viêt-minh remporta une victoire totale sur les Français. Aux **accords de Genève**, la France reconnut l'indépendance du Vietnam qui fut divisé «provisoirement» en deux au 17e parallèle. Le **Cambodge** et le **Laos** obtinrent à la même époque leur indépendance.

Dans le Sud du Vietnam, de 1955 à 1961, les **Etats-Unis** remplacèrent discrètement les Français. De 1965 à 1968, leur présence augmenta de façon dramatique car 500 000 hommes furent engagés contre le «**Vietcong**» et le Vietnam du Nord.

Dans l'**offensive du Têt** de 1968 le Vietcong démontra aux Américains combien ils étaient vulnérables, même dans les villes. Finalement, à la **conférence de Paris** (1973), les Etats-Unis acceptèrent la défaite; le martyre du peuple vietnamien avait duré plus de 25 ans.

Bilan pour la France:
Tués: du côté français, près de 100 000.
Coût de la guerre: quelque 30 000 milliards d'anciens francs (presque £30 milliards de l'époque).
Dans l'opinion publique, surtout chez l'armée française, Diên Biên Phu allait rester synonyme d'humiliation et d'amertume.

■ La guerre d'Algérie (1954–1962)

Lors de l'**insurrection** du 1er novembre 1954, une série d'attentats marqua le début de la guerre.
En France, la **répression** fut approuvée par tous les partis sauf les communistes: la notion «**l'Algérie = partie de la France**» était enracinée dans les esprits.
L'intransigeance des **Pieds-noirs**, Français d'Algérie, et la résistance du **FLN** (Front de Libération nationale) entraînèrent finalement la France à nouveau dans une guerre ruineuse et engagèrent un demi-million d'hommes. C'était un **cycle infernal**: au terrorisme du FLN les Français répondaient par d'autres excès: tortures, exécutions sommaires, perquisitions.
En 1956, le **rapt de Ben Bella** et plusieurs autres chefs du FLN, dans un acte de piraterie aérienne, rendit tout accord impossible. Il ne restait que deux possibilités: la victoire totale ou l'abandon de l'Algérie.
Dans l'**insurrection d'Alger** du 13 mai 1958, des militaires de droite se révoltèrent contre la «faiblesse» du gouvernement français. Ils constituèrent un **Comité du Salut public** qui réclama aussitôt le pouvoir pour de Gaulle qu'ils croyaient favorable à l'«Algérie française». A Paris, l'**investiture** du général de Gaulle comme président par les députés désemparés marqua la **fin de la IVe République**: une nouvelle constitution fut élaborée. A Alger, le 4 juin 1958, de Gaulle prononça sa fameuse phrase «**Je vous ai compris**». Que voulait-il dire? Français et Algériens attendaient.
En 1959, de Gaulle se sentait assez fort pour offrir aux Algériens l'**autodétermination**.
Néanmoins, la guerre continuait; la terreur répondait à la terreur. Des militaires français d'Algérie formèrent l'**OAS** (Organisation Armée secrète) et tentèrent un **coup d'Etat** contre de Gaulle en avril 1961. De Gaulle lança un **appel télévisé** «Françaises, Français, aidez-moi»: l'armée ne suivit pas ses généraux. Le coup d'état fut un échec. Enfin, des **négociations** entre le GPRA (Gouvernement Provisoire de la République Algérienne) et le gouvernement français aboutirent le 19 mars au **cessez-le-feu**.
Le 3 juillet 1962, à la suite d'un référendum en Algérie et en France (91% de «oui»), de Gaulle proclama l'**indépendance de l'Algérie**. Les Algériens musulmans fêtèrent dans le délire la fin d'une guerre ... et d'un empire.

Bilan pour la France

Tués: du côté français presque 25 000. Côté algérien, 141 000 selon les Français, 1 000 000 selon le FLN. Coût de la guerre: 5 000 milliards d'anciens francs (presque £5 milliards de l'époque). Les Pieds-noirs, Français d'Algérie, se réfugièrent à l'étranger, dont un million en France.

84

La présence française dans le monde d'aujourd'hui (i) (49)

■Les DOM-TOM

Les **Départements et les Territoires d'Outre-Mer** (les **DOM-TOM**) sont ce qui reste aujourd'hui à la France de son Empire.

La **République Française** comprend en effet aujourd'hui, en plus des **départements métropolitains**, Départements d'Outre-Mer. Les **DOM** sont effectivement des   , régis par les mêmes   et ayant à peu près le même   que ceux de la métropole.

Les **Territoires d'Outre-Mer** (**TOM**) ont une plus grande   que les départements: leur   , chargée de gérer l'   , est élue par la   .

  – DOM: **la**   , **la**   , **la**   , **l'Ile de**   , **Saint-Pierre et Miquelon**,
  – TOM: **la**   , **les**   ,   , une centaine d'**îles du Pacifique**.

Les DOM-TOM ne sont pas à l'abri de l'**agitation**: des   s'y propagent. C'est le cas par exemple de la   où des conflits éclatent en   .

■Coopération ou néo-colonialisme?

La décolonisation a suivi son cours. Désormais, la France retrouve une   perdue auparavant. Cas presque unique parmi les grandes puissances, elle entretient de   avec pratiquement tous les pays du monde. Officiellement, ses relations extérieures sont tournées vers la   et la   .

A l'égard du **Tiers monde**, la politique de la France est vigoureuse. Elle se situe parmi les premiers **fournisseurs d'**   aux   (PVD). Grâce à des **accords**   ,   et   elle envoie dans les PVD technocrates et techniciens, conseillers et administrateurs, professeurs et instituteurs, etc.

L'aide et la coopération sont pourtant souvent accusées de n'être que du   . L'aide française est normalement **liée** à   . Les **investissements** privés ont souvent pour but le   plutôt que le développement. Le   avec les PVD est   pour la France qui achète des produits bruts et vend des produits fabriqués. Les   y figurent largement. La coopération culturelle est attachée à la diffusion de la   et de la   **françaises**.

La présence française dans le monde d'aujourd'hui (ii) (49)

■Les DOM-TOM

Les **Départements et les Territoires d'Outre-Mer** (les **DOM-TOM**) sont ce qui reste aujourd'hui à la France de son Empire.

La **République Française** comprend en effet aujourd'hui, en plus des 96 **départements métropolitains**, cinq **Départements d'Outre-Mer**. Les **DOM** sont effectivement des départements français, régis par les mêmes lois et ayant à peu près le même statut que ceux de la métropole.

Les **Territoires d'Outre-Mer** (**TOM**) ont une plus grande autonomie que les départements: leur assemblée territoriale, chargée de gérer l'économie locale, est élue par la population résidente.

– DOM: **la Guadeloupe**, **la Martinique**, **la Guyane**, **l'Ile de la Réunion**, **Saint-Pierre et Miquelon**,
– TOM: **la Nouvelle Calédonie**, **les Nouvelles Hébrides**, **Tahiti**, une centaine d'**îles du Pacifique**.

Les DOM-TOM ne sont pas à l'abri de l'**agitation**: des mouvements **indépendantistes** s'y propagent. C'est le cas par exemple de la **Nouvelle Calédonie** où des conflits éclatent en 1984.

■Coopération ou néo-colonialisme?

La décolonisation a suivi son cours. Désormais, la France retrouve une **autorité morale** perdue auparavant. Cas presque unique parmi les grandes puissances, elle entretient de **bons rapports** avec pratiquement tous les pays du monde. Officiellement, ses relations extérieures sont tournées vers la **coopération** et la **défense de la paix**.

A l'égard du **Tiers monde**, la politique de la France est vigoureuse. Elle se situe parmi les premiers **fournisseurs d'aide** aux **pays en voie de développement** (PVD). Grâce à des **accords techniques, économiques** et **culturels** elle envoie dans les PVD technocrates et techniciens, conseillers et administrateurs, professeurs et instituteurs, etc.

L'aide et la coopération sont pourtant souvent accusées de n'être que du **néo-colonialisme**. L'aide française est normalement **liée** à l'achat de produits français. Les **investissements** privés ont souvent pour but le **profit** plutôt que le développement. Le **commerce** avec les PVD est **bénéficiaire** pour la France qui achète des produits bruts et vend des produits fabriqués. Les **armements** y figurent largement. La coopération culturelle est attachée à la diffusion de la **pensée** et de la **langue françaises**.

L'atome d'orgueil (50)

SABOTEURS ET MENTEURS

Greenpeace: la tempête

Quel fracas, quelle avalanche. Le matin, tout baigne dans la douce lumière du consensus. Le président sait ou, plutôt, il devine – que même une opération scabreuse comme celle qui a consisté à couler le bateau des antinucléaires dans le port d'Auckland n'est pas totalement désapprouvée par l'opinion. Certes, l'affaire a mal tourné et il y a eu mort d'homme, ce qui est grave, mais on n'est tout de même pas très loin d'un certain consensus cocardier. Quelque chose comme «que se frotte à la France s'y pique».

La pièce manquante du puzzle

Las! Vers midi, patatras! La nouvelle court les rédactions et les sièges des partis politiques: «Le Monde» va publier, à 13 heures, des informations sensationnelles sur l'affaire du bateau des antinucléaires. On va savoir, enfin, qui a réalisé le sabotage. Avant cette révélation, toutefois, il convient de se rappeler que la thèse officielle du gouvernement est simple: les agents français envoyés à Auckland n'étaient chargés que de missions de renseignement. Ils n'ont pas coulé le «Rainbow Warrior».

Alors parait «Le Monde». Le choc est rude. Le quotidien de la rue des Italiens donne quatre colonnes de sa Une – et donc une lourde charge dramatique et politique – à ce titre: «Le "Rainbow Warrior" aurait été coulé par une troisième équipe de militaires français».

La «troisième équipe», c'est la pièce manquante du puzzle. Sans elle il est pratiquement impossible d'incriminer concrètement la France dans le sabotage lui-même: deux des agents – les faux époux Turenge, emprisonnés à Auckland – n'étaient que des complices; trois autres, dûment repérés par les policiers neo-zélandais, avaient quitté les lieux avant l'attentat.

Cependant, si «troisième équipe» il y a, la thèse des «missions de renseignement» devient intenable. Le sabotage était bel et bien l'objectif final de l'opération.

Etrange journée que ce mardi 17 septembre avec cette brusque rupture de climat: le septennat de François Mitterrand aura donc aussi son «affaire».

FRANCE

Pour les militaires, c'est l'ennemi public numéro un

L'homme qui défie le président

Mais qui est donc David McTaggart, le patron de Greenpeace qui vient de lancer de nouveaux commandos écologistes contre Mururoa?

Un jour, il a lu dans un journal néo-zélandais que les Français s'apprêtaient à faire exploser une bombe atomique au-dessus de Mururoa. Depuis, David McTaggart est devenu le premier écologiste du monde. Le plus gonflé.

Moustache fine et look anglo-saxon, David McTaggart a cinquante-deux ans. Il est canadien de Colombie britannique, aux antipodes du Québec. Il est marié et père de trois filles. Il parle un anglais plutôt lent et plutôt sans accent. Il n'a aucun diplôme; rien d'un Gandhi; encore moins d'un hippie sur le retour. Mais il défie les chefs d'Etat.

Un petit bureau au fond du local, des chaises, une lampe. McTaggart parle. D'abord, avec réticence, de lui-même. *«Je suis né au bord de l'océan Pacifique, dans un pays où il y a aussi de très hautes montagnes. J'ai toujours adoré la nature. Mon père venait d'une petite île à l'ouest de l'Ecosse. Il était amoureux de l'Océan. Il m'a communiqué sa passion.»*

Ce garçon, plutôt solitaire, n'a jamais milité. Ni pour les verts, encore moins pour les rouges ou les roses. A dix-sept ans, il est entré dans le bâtiment. Il a commencé au bas du mur, comme manœuvre. Mais il a vite réussi. Plus tard, il a fondé son entreprise et construit des immeubles. *«Un jour, j'en ai eu assez de faire des tours de béton. Je me suis mis à bâtir des petits hameaux, dans le style traditionnel. C'était bien avant l'écologie.»*

Et puis, la quarantaine approchant, McTaggart s'est rendu compte que le travail n'était pas tout dans la vie. Il s'est réfugié sur «Vega», un ketch deux-mâts de 11,50 mètres en bois. Il a largué les amarres. Il s'est mis à sillonner le Pacifique. Tout commence pour lui en Nouvelle-Zélande, en 1972. Il tombe sur un journal qui parle de la prochaine campagne d'essais nucléaires à Mururoa. Et une ligne le fait sursauter: pour éviter tout risque d'accident, la marine française interdit à la navigation un énorme morceau de Pacifique.

Pour McTaggart, l'instant ressemble à la conversion de Claudel à Notre-Dame. D'un seul coup, une rage énorme le submerge. *«Comment ces gens-là peuvent-ils s'octroyer une partie de l'Océan – «son» Océan – pour faire péter leur saloperie de bombe?»* Aussitôt, sa décision est prise. Il fera voile vers Mururoa et naviguera à la limite des eaux territoriales françaises, à 12 milles de l'atoll, comme le lui permet évidemment le droit de la mer.

Mururoa. L'atoll émerge à peine du Pacifique. Il y a une piste d'atterrissage, des bâtiment. Le ketch «Greenpeace» est vite repéré par un navire de guerre français. Au mégaphone, on prie McTaggart de déguerpir. Celui-ci refuse. Son bateau est abordé brutalement, pris en remorque et lâché loin de l'atoll. Le grand mât est endommagé, le franc-bord enfoncé. Impossible de revenir à Mururoa. McTaggart se réfugie à Tonga. Il vend sa radio pour payer son billet d'avion vers le Canada.

Un an plus tard, il retourne au front. Mais cette fois, il va gagner. Une nouvelle campagne d'essais est annoncée. Le futur président de Greenpeace quitte de nouveau la Nouvelle-Zélande avec son ketch. Il n'est plus seul. Il a embarqué un ami navigateur et deux jeunes Néo-Zélandaises. A la limite des douze milles, l'affaire tourne mal. Un commando de sept hommes prend d'assaut le voilier. *«Ils nous ont frappés avec des tuyaux de cuivre et de caoutchouc qu'ils avaient fabriqués eux-mêmes. J'ai pris un coup sur l'œil droit, je suis tombé dans les pommes; je suis resté borgne pendant dix jours. Mon ami, Nigel, a également été mis KO. Je suis sûr que s'il n'y avait pas eu les deux femmes, ils coulaient le bateau et nous avec!»*

L'une des deux passagères a réussi à prendre des photos de toute la scène. Le commando fouille le ketch, détruit tout le matériel photo. Mais il ne trouve pas la pellicule. *«Elle l'avait cachée dans son vagin...»*

Pendant que l'ambassadeur de France en est encore à expliquer à Trudeau que McTaggart a agressé des marins français non armés à l'intérieur des eaux territoriales, toute la presse canadienne publie les photos à la une. Le scandale est énorme dans le monde. Trudeau menace de rompre les relations diplomatiques avec Paris.

«Deux mois plus tard, la France annonçait l'arrêt des essais nucléaires en atmosphère dans le Pacifique», commente McTaggart, qui préparait alors un procès contre le gouvernement français.

Cette victoire aurait pu suffire à David McTaggart. Mais, plus tard, les gens de Greenpeace lui ont demandé de prendre la présidence de leur mouvement.

Or McTaggart ne va pas tarder à reprendre le combat. D'abord, il y a les essais nucléaires américains et soviétiques qui continuent. Et Greenpeace protestera, avec ses méthodes d'action directe, contre les uns et les autres, Ensuite, la France reprend des expériences dans le Pacifique. *«En 1973, dit McTaggart, le gouvernement français a décidé l'arrêt des explosions nucléaires dans l'atmosphère. Aujourd'hui, si le président veut entrer dans l'histoire il faut qu'il annonce la dénucléarisation du Pacifique. Et qu'il force les Soviétiques et les Américains à signer un traité.»* Il ne doute de rien, ce type-là. C'est justement ce qui est embêtant.

De fait, à l'heure actuelle, le mouvement est présent dans quinze pays sur la zone Pacifique et la zone Europe. Il regroupe 700 000 adhérents (6 000 en France) et 200 permanents. Il arme quatre bateaux (en comptant le «Rainbow Warrior») et un voilier. Il se concentre sur trois objectifs: danger nucléaire, dangers chimiques et protection des espèces animales.●

88

La force de frappe

Aujourd'hui, l'arsenal nucléaire équivaut à six mille bombes d'Hiroshima.

La force nucléaire stratégique n'est ni de gauche ni de droite, elle appartient à un héritage de la France.

Cet héritage, les gouvernements successifs ont commencé de le constituer vers le milieu des années 50.

1955: décision est prise d'étudier les possibilités de construire un sous-marin nucléaire.
1957: lancement des études pour un prototype d'avion de bombardement.

C'est le 17 mars 1959 enfin que le gouvernement décide que la priorité sera accordée à la fabrication de la bombe atomique et au démarrage de la production en série d'avions Mirage-IV, un bombardier capable de transporter cette bombe. Le premier vol du premier prototype – il y en eut quatre – a lieu en juin 1959, et la première explosion nucléaire en février 1960.

1963: la première arme opérationnelle est livrée. Octobre 1964: le premier escadron de Mirage-IV est remis à l'armée de l'air sur sa base de Mont-de-Marsan.

A compter de 1964, la force nucléaire stratégique ne va pas cesser de monter en puissance en France. **Aux Mirage-IV qui tiendront l'alerte jour et nuit, véritables «chiens de garde» de la dissuasion comme on les a surnommés, s'ajouteront progressivement les missiles enfouis dans la montagne du plateau d'Albion, puis les sous-marins nucléaires lance-missiles qui rôdent au fond des océans.** Une Sainte-Trinité de l'Apocalypse, observée dans les autres pays nucléaires.

Le 19 juillet 1966, un Mirage-IV de série s'envole de la base de Hao, en Polynésie française, et largue dans le Pacifique, à proximité de Mururoa, une bombe de 70 kilotonnes (entre trois et quatre fois la puissance de l'explosion à Hiroshima). C'est la première fois que la France teste en vraie grandeur son système de bombardement nucléaire. Opération réussie.

Outil principal de la dissuasion, le Mirage-IV ne devait pas demeurer longtemps le seul. Dès le 2 mai 1963, en effet, un conseil de défense présidé par le général de Gaulle, qui est l'instance suprême de décision en matière militaire, arrête un plan de modernisation de la force nucléaire.

Ainsi est née ce qu'on devait appeler la deuxième «génération» des forces aériennes stratégiques (FAS), elle aussi confiée aux soins de l'armée de l'air française: des missiles sol-sol balistiques stratégiques (SSBS) porteurs d'une arme de plus forte puissance.

Les premiers SSBS sont expérimentés à partir de 1965 et les premiers gros travaux d'infrastructure commencent en 1968 sur le plateau d'Albion en Haute Provence. C'est en août 1971 que la première unité de tir, de neuf silos, est déclarée opérationnelle; la seconde, équivalente en tout point, le sera en mai 1972.

Décembre 1971: le premier sous-marin nucléaire lance-missiles, *le Redoutable*, quitte l'Ile Longue pour sa première patrouille, d'une durée de neuf à dix semaines, au fond des océans, là où sont tapis les submersibles du même type, américains ou soviétiques, qui enferment dans leurs flancs la même cargaison de destruction apocalyptique. A bord du *Redoutable*, seize missiles M.20 porteurs de la tête thermonucléaire mégatonnique que le CEA put expérimenter dès 1968 en Polynésie, à Mururoa.

A l'exception de la Grande-Bretagne, dont la dissuasion repose sur les seuls sous-marins nucléaires, toutes les autres puissances, y compris la Chine populaire, ont choisi de faire coexister deux ou trois systèmes dans un souci de diversification opérationnelle. En attendant d'autres découvertes...

En France, l'ensemble du dispositif nucléaire stratégique est placé sous l'autorité du chef de l'Etat, auquel la Constitution confère la responsabilité de chef des armées.

Un rapport de l'Assemblée Nationale a évalué les dégâts que pourrait occasionner la dissuasion française compte tenu des moyens existants et sur la base des effets de la frappe qui s'était abattue sur la ville d'Hiroshima.

«La frappe conjointe, délivrée par les sous-marins, les missiles du plateau d'Albion et les Mirage-IV, à la condition que toutes les têtes lancées arrivent au but, serait susceptible d'entraîner le décès de vingt millions d'individus, d'en blesser un nombre équivalent, et, à ce bilan, s'ajouterait une désorganisation majeure des activités nationales adverses».

TEACHERS' TRANSCRIPTIONS

Une directrice parle de son entreprise (2)

— alors moi ce que je vous disais tout à l'heure
c'était au sujet de Médiavision
donc pour le moment
nous (ne) sommes . . .
én essentiellement depuis 72
euh distributeurs de films publicitaires
hein nous n'intervenons pas dans la production
simplement en tant que conseil

— il serait peut-être intéressant pour nos auditeurs
de savoir qui sont les annonceurs
qui font de la publicité au cinéma

— les . . . annonceurs qui s'intéressent
et que nous avons principalement sur les écrans
sont en priorité les boissons
que ce soit bière
que ce soit Coca-cola Gini Ricqlès
c'est-à-dire le soft drink
et les boissons
ça c'est vraiment euh
l'annonceur qui représente en chiffre d'affaires
le nombre le plus important
pour l'avenir
[il] y a peut-être une petite inquiétude au niveau des
    bières
parce que il va y avoir une loi
sur euh les boissons alcoolisées et l'alcool
qui va être la même que celle en France sur euh les
    tabacs
qui va interdire forme formellement vraiment toute
    forme de publicité

— la publicité pour les boissons alcoolisées
est déjà interdite à la télévision n'est-ce pas?

— alors à la télévision déjà ça n'existe pas en boissons
    alcoolisées
mais en ce qui concerne donc la publicité
tous les supports
ça sera interdit
alors en ce moment [il] y a un flou artistique
tout le monde en profite
puis qu'[il] y a pas d'arrêté euh officiel
donc vous verrez sur les écrans en ce moment des
    films pour Dimple
qui est un whisky
des films pour euh John Daniels
qui est un . . . excellent whisky également
euh pour beaucoup de bières
bon [il] y a même un film qui va sortir
pour la collective de la bière
bon mais ça nous pensons que en 86 euh
ça sera quand même pour nous un
une diminution importante
entre peut-être euh douze euh . . . quinze pour cent
au moins

euh de chiffre d'affaires à ce niveau-là
le deuxième annonceur important en secteur
c'est tout ce qui est parfumerie
c'est-à-dire
tout ce qui est hygiène beauté parfum
et ça c'est avec le groupe français qui est très
    important
qui est L'Oréal
la SCAD L'Oréal
alors là ça va aussi bien euh du shampooing pour
    bébés euh
à la crème pour les rides euh
à toutes les gammes de parfums
du groupe
hein
donc ça va de Lancôme Trophée-Lancôme
l'Yves Saint Laurent les Chanel les Bourjois
les maquillages
euh . . . donc c'est un secteur qui représente aussi
un pourcentage très important
très très important
d'ailleurs dans un petit . . . document que vous avez
    là
je crois qu'en principe
oui je vous les lis
donc euh . . . il est bien
voyez
on se rend compte que les boissons représentent
vingt-quatre pour cent du . . . du chiffre hein
les parfums parfums hygiène quatorze pour cent
et ensuite vient l'habillement
l'habillement vient
avec tout ce qui est jean
sportwear . . . et jean
plus quelques prêt-à-porter euh de marque
euh corsages et cetera
et puis l'alimentation également
alors au niveau de tout ce qui est euh
film qui passe à la télé
qui . . . b sont des films euh bon euh
concernant la la biscuiterie les chocolats la
    confiserie
l la collective du lait
hein [il] y a pas mal euh toute (sic) le groupe
alors moi j'ai un un un groupe très important
qui bouge beaucoup depuis deux ans
qui jusqu'à présent ne faisait que de la télévision
parce que c'était de la consommation euh courante
    de tous les jours
et nous sommes arrivés à démontrer que
le spectateur en salle de cinéma
était aussi quelqu'un qui consommait
c'est pas parce que il fait partie un peu
d'une tranche particulière de la population
que . . . il ne mange pas des pâtes euh

qu'il ne boit pas du café et cetera
et cette démonstration faite euh
[il] y a donc dans l'alimentation tout le groupe
de la SOPAD
et . . . de la General Foods
qui donc sont des produits dont je m'occupe des
    campagnes euh
que ce soit Maggi
que ce soit tous les cafés euh Nescafé
que ce soit les pâtes
que ce soit euh
euh tout ce qui est produit
[il] y a des campagnes publicitaires qui sont faites

— vous avez dit que le spectateur en salle de cinéma
    faisait partie d'une tranche un peu particulière de
       la population
    pouvez-vous définir ce groupe?

— globalement si vous voulez au cinéma
    on touche relativement des gens jeunes
    cœur de cible dix-huit – vingt-quatre ans
    vous le verrez dans mon bouquin
    mais on peut toucher aussi des gens qui ont euh
    par exemple euh

un jour j'ai eu le problème pour Citroën euh
on m'a posé le problème
c'est comme ça que Citroën maintenant fait
    du . . . du cinéma
pour le gros . . . les grosses voitures
comme la BX et cetera
l'homme de quarante-neuf ans
en principe si on regarde l'analyse de la population
    cinéma
l'homme de quarante-neuf ans
bon l'homme y va plus souvent que la femme hein
il va en moyenne euh
un petit peu plus d'une fois par mois
globalement France entière confondue
et en définitive
catégories socio-professionnelles croisées
en cadre sup . . . et en âge
et en habitat important de plus de cent mille
    habitants
il est très intéressant
et ça a démontré que pour Citroën
pour certaines euh voitures . . . chères
ils devaient faire du cinéma
en complément de presse

Des médias pour s'informer . . . ? (4)

Voir pages 7–11.

Quel travail pour la femme? (5)

— à la maison nous sommes euh cinq personnes
    parce que bon euh mon mari est professeur
    euh je suis institutrice
    et nous avons trois enfants
    euh un une fille et deux garçons
    et euh . . . nous avons pris l'habitude
    de de nous partager un petit peu les tâches
    parce que . . . eh bien parce que nous pensons que
    il est bon que chacun euh fasse un petit travail euh
    à la maison
    alors euh mon mari lui fait surtout les courses
    parce que . . . euh il aime ça et puis euh
    je trouve moi très agréable
    d'être dispensée de cette euh corvée
    et puis euh . . . les enfants
    eh bien depuis euh leur plus jeune âge
    euh ont été habitués à . . . à des petites tâches euh
       diverses
    mais euh . . . régulières
    alors euh pour être sûr que chacun euh
    participait bien à . . . au travail euh de la maison
    eh bien euh . . . ils avaient même établi euh
    une sorte de petit tableau de de service
    alors euh ils savaient que tous les jours

euh ils avaient des des petites choses à faire
comme euh mettre le couvert euh
débarrasser la table
euh essuyer la vaisselle euh
tant que nous n'avons pas eu de . . . lave-vaisselle
ou alors euh mettre la vaisselle dans le lave-vaisselle
ou sortir la vaisselle
et euh bien sûr euh
ranger leurs affaires euh
faire leur lit enfin des choses comme ça
mais euh . . . il n'y avait pas besoin de de de leur
    rappeler
parce que il y avait le tableau de service qui était là
et puis euh
on ne pouvait pas y couper

— est-ce qu'ils acceptaient bien de faire ça
    les garçons?

— euh ah . . . pas de problème euh
    non pas de problème
    à ce niveau-là les euh
    pas de différence entre la fille et les garçons euh
    c'était ils acceptaient euh très bien de
    les garçons acceptaient très bien de

de participer euh . . . à la vie de la maison de de
    cette manière-là
enfin de toute manière euh
à nous les parents euh
il nous semblait important justement que
qu'il n'y ait pas de différence euh . . . entre eux
justement dans . . . dans cette participation à la vie
    de la maison
et alors là ça m ça me permettait à moi qui enfin
qui travaille
ça me permet
moi qui travaille de
eh bien euh justement de de faire autre chose
pendant ce temps-là
et puis euh je trouve que ça crée une certaine
    atmosphère euh
à la maison
c'est c'est plus c'est plus agréable
que de voir les gens s'installer dans un fauteuil
    pendant que
maman euh fait tout le travail

— est-ce que ça se fait très couramment?
est-ce que les garçons et les filles participent
    toujours
au travail de la maison?

— euh bien ça d . . . ça dépend des familles
ça dépend euh . . . vraiment des familles
nous connaissons des des familles où ça se passe
    euh ff comme à la maison
et puis d'autres familles où c'est vraiment la maman
    qui euh
qui assure euh toutes les tâches euh ménagères quoi
et ça euh
je pense que ça doit être assez euh
assez désagréable pour elle oui

— est-ce que vous pensez que le travail à l'extérieur
    de la maison
libère la femme?

— alors là euh on peut répondre que
d'une part ça dépend du travail (rire)
et puis euh
parce que si c'est un travail intéressant
il est évident que
euh ça apporte quelque chose à la femme qui
    travaille
euh si c'est un travail inintéressant

euh p ça se discute
évidemment sur le plan
si on ne se place que sur le plan financier
alors oui ça libère la femme
parce que . . . elle a une certaine euh indépendance
    financière
et ça c'est très important euh
encore plus à notre époque
où il y a beaucoup de de séparations de de couples
parce que euh la femme euh
euh disons euh peut . . . au moins
euh gérer sa sa vie plus facilement et
ça provoque moins de drames certainement
qu'à l'époque où les les femmes ne travaillaient pas
    du tout et
restaient sans un sou euh
quand elles euh quand il y avait séparation du
    couple quoi
mais autrement évidemment euh
l'enrichissement euh grâce au travail
l'enrichissement disons moral
euh ça ne peut exister que dans le cas où le
le travail est vraiment euh intéressant quoi
parce que je ne pense pas que la femme soit
    vraiment libérée
euh si elle fait un travail à la chaîne ou
quelque chose de parfaitement inintéressant
à ce moment-là il vaut je pense mieux que
qu'une femme puisse rester euh chez elle euh
s'occuper de de . . . enfin . . . de ses enfants
on peut faire ça certainement d'une manière euh
intéressante et enrichissante
pour certaines euh femmes de toute manière
le problème ne se pose même pas euh sous cette
    forme-là
parce que . . . elles sont obligées de travailler à
    l'extérieur euh
souvent justement à faire un travail inintéressant
euh pour une question euh financière
et alors
elles sont obligées de faire aussi le travail à la
    maison
parce qu'elles ne peuvent pas se faire aider
toujours pour les mêmes raisons
et alors là euh
à mon avis l'esclavage euh (rire)
en est encore plus important pratiquement . . .
    qu'avant

Où en sont les femmes? (6)

— qu'est-ce que vous pensez des groupements
    féministes?

— euh les groupements féministes euh
je ne les connais pas vraiment
euh à l'heure actuelle parce que
je pense que . . . ils n'ont plus une aussi grande
    importance qu'au début
euh de l'action euh dite féministe
les les mouvements féministes euh
ont plutôt une euh mauvaise réputation à cause de
    leur euh agressivité
mais euh . . . par contre je . . . je reconnais que
si euh les premières féministes ne n'avaient pas eu
    autant de
de ténacité pour faire connaître
les revendications des femmes
euh nous n'en serions pas là où nous en sommes
    maintenant
c'est-à-dire euh
quand même avec euh disons des des droits euh
    reconnus
enfin comme euh
on peut reconnaître des droits
qui sont tout simplement ceux de la constitution
et que mm euh
on ne . . . on ne voterait pas
ce qui est quand même euh qui nous paraît
qui nous paraît très à l'heure actuelle
tellement . . . surprenant
alors que . . . ma mère par exemple
n'a pas pu voter avant l'âge de de trente-cinq ans
et bon ben ne s'était donc pas intéressée à la vie
    politique euh
et au début euh
votait absolument comme mon père
puisque . . . il a fallu euh
qu'elle attende disons l'âge de soixante-dix ans
pour euh vraiment s'intéresser à la politique
discuter politique
avec moi
c'est c'était c'est vraiment extraordinaire quoi
[il] y a une évolution euh quand même de
de la mentalité féminine
à travers euh tout
enfin . . . ces nouvelles euh possibilités
et ça c'est vraiment quel
euh je pense que ça c'est quelque chose de très
    important pour les femmes
de pouvoir quand même euh
donner leur euh donner leur point de vue euh
bon pouvoir se faire élire euh député
ou . . . avoir des . . . disons des des positions euh
à l'intérieur des . . . des conseils municipaux
ou enfin de la vie euh
la vie active euh du pays

— est-ce qu'il y a quelque chose qui caractérise pour
    vous
    cette évolution dans le sort des femmes?

— [il] y a une chose qui m'a beaucoup euh surprise
euh qui m'a beaucoup frappée
un jour je regardais euh des actualités euh très
    anciennes
enfin c'était euh sur les événements de 1934 en
    France enfin
des manifestations qui avaient eu lieu
et c'était tr ça s ça m'a . . . beaucoup surprise
parce que je me suis rendu compte
que dans cette manifestation
il n'y avait bien sûr que des hommes
b euh les femmes ne descendaient pas dans la rue
    bien sûr
n'allaient pas se mêler aux é euh aux . . .
    manifestations politiques
vraiment il n'y avait que des hommes
et s et ça c'est
s ça m'a vraiment beaucoup euh euh surprise
ça m'a ramenée euh . . . à l'idée qu'on se faisait bien
    sûr des femmes
les femmes à la maison et puis
il fallait qu'elles y restent

— alors est-ce que la situation de la femme s'est
    améliorée
en général
depuis votre enfance?

— je pense que oui
euh je pense que
bon les femmes ont été amenées
à se prendre . . . à se prendre en charge
parce qu'[il] y a eu des périodes historiques
en plus qui ont . . . qui ont fait évoluer les choses
comme euh par exemple la guerre de 39 euh
de 39–45
et . . . là les femmes
étant donné que les hommes euh étaient absents
parce qu'ils étaient prisonniers
ou bien même parce que . . . ils étaient partis euh à
    Londres hein
pour rejoindre . . . de Gaulle
donc euh . . . là les femmes ont été obligées de de
    prendre
de se prendre en charge vraiment quoi
et . . . bon ben s
là bien sûr elles se sont aperçues qu'après tout euh
elles pouvaient . . . à l'extérieur de la maison euh
avoir le même rôle que . . . que les hommes
euh on peut on peut même parler de l'évolution
    même euh des
disons des femmes d'un certain âge
je pense [je] pense à ma mère euh
bien sûr comme cas bien précis
euh elle a donc été habituée à
à vivre euh toujours euh dans l'ombre de mon père
puisque elle ne travaillait pas
elle n'a jamais travaillé à l'extérieur
et euh . . . bien sûr euh
elle euh avait entière confiance en en lui

mais tellement que le jour
où mon père euh justement
n'a plus été là pour euh pour la soutenir
elle s'est trouvée très très désarmée
et il lui a été très très difficile
de se prendre en charge
elle a réussi à le faire
mais ça s vraiment ça ça lui a été très très dur
et puis de euh de remplir enfin tous les papiers
   officiels et tout
auxquels elle elle ne connaissait rien
parce que bon pa parce qu'elle ne le faisait jamais
tout simplement

et il a fallu qu'elle se mette euh
à toutes euh toutes ces choses et
ça lui a vraiment coûté beaucoup
c'est pour ça que
elle est elle euh . . . très très contente de voir que
sa fille euh sa petite fille
ne n'auront pas . . . ce genre de problème
on a été davantage euh
euh préparées à faire toutes euh toutes ces
   choses-là
si bien que
ça c'est une vraie libération
je pense

L'immigration au féminin (11)

— vous dites que même les Maghrébins
qui sont ici depuis un certain temps
ont de la difficulté à s'intégrer
il s'agit de quoi en particulier
de différences de culture?

— différences de culture
et ils veulent la garder leur culture
ils ont très très peur de se laisser contaminer
par notre société qu'ils jugent mauvaise

— et ça se voit dans quels domaines en particulier?

— moi je je vois par exemple pour les loisirs des des
   jeunes filles
on les laisse pas fréquenter
les les centres de loisirs qui existent dans la ville
il faut qu'elles viennent
dans des choses que nous organisons nous-mêmes
   à l'association
pour qu'elles se retrouvent entre elles
pour être sûr que elles retrouvent des jeunes filles
euh qui sont vierges qui ceci qui cela enfin
qui respectent les traditions euh

— et cette attitude de la part des parents
ça se traduit comment?

— la jeune fille n'a aucune liberté
la jeune fille algérienne née en France
enfin de la deuxième génération
bien souvent on lui choisit son mari

elle doit aller sé enfin le l'épouser en Algérie
avec un mariage traditionnel
qui n'est pas toujours bien vécu

— donc ici ils ne laissent pas leurs filles sortir
   comme ça?

— non
non elles peuvent aller au lycée
elles peuvent aller euh à l'association
elles peuvent aller aux cours de couture
mais elles n'ont pas le droit de sortir toutes
   seules euh
si elles en ont envie
si elles veulent suivre un stage euh
pour être animatrices de jeunes par exemple
[il] y en a quelques-unes qui voulaient
il faut que ça soit un stage externe
un stage interne
elles n'ont pas le droit de coucher en dehors de
   la famille

— et quelle est l'attitude des filles envers tout cela?

— généralement elles sont assez révoltées

— et ça se traduit comment?

— alors certaines partent
certaines partent
[il] y en a [il] y en a d'autres qui restent et qui
   plient

Comprendre le racisme (12)

Voir pages 15–19.

Où vivre? (13)

— bon eh bien monsieur
si je comprends bien
vous avez euh il y a quelques années
euh quitté la ville pour habiter à la campagne
c'est ça?

— oui bien ça fait
ça fait maintenant une quinzaine d'années
nous étions pas exactement en ville d'ailleurs
c'était la banlieue
c'était un bourg qui est situé près de Nantes
euh et nous avons décidé d'aller vivre à la
   campagne
parce que la circulation les bruits de la ville
enfin bref euh nous souhaitions être au calme

— oui et madame
est-ce que je peux vous poser la question?
qu'est-ce que vous préférez
la ville ou la campagne?

— eh bien moi je me
je préfère la campagne de toute manière
alors donc euh c'est avec euh grand plaisir
que je suis partie
y vivre complètement
parce que
je pense que ça doit être
quelque chose d'un peu . . . héréditaire
hein ma famille euh
a vécu très très longtemps à la campagne avant
   (toux)
de venir habiter à Nantes
et euh bon ben je . . . j'ai apprécié
d'aller vivre
à la campagne à mon tour

— mais euh vous avez dû profiter
de plusieurs choses en ville
que vous n'avez plus à la campagne

— oui peut-être enfin disons que
c'est moins facile maintenant
de d'aller aux spectacles euh
enfin des choses de ce genre
mais c'est compensé par le fait que
on trouve euh le calme euh
euh tout enfin disons
les odeurs qui changent euh
si bien que . . . c'est quand même plus agréable

— et il n'y a pas d'autres inconvénients?

— euh il y en a eu
quand les enfants étaient un peu plus jeunes
parce que
ils allaient au lycée
à une douzaine de kilomètres
et . . . il fallait aller les conduire les chercher
parce que
il n'y avait pas de moyens de transport publics
à ce moment-là
maintenant euh il y a des bus
qui . . . permettent quand même
de faire les déplacements plus facilement
mais à ce moment-là
c'est vrai que ça nous a obligés
à des transports euh (rire) continuels
mais mm
tout le monde prenait ça euh
avec euh bonne humeur en fait

Etre au calme (13)

— j'ai l'impression que la maison
  n'était pas du tout
  ce qu'elle est aujourd'hui
  quand vous l'avez achetée
  est-ce que vous pourriez peut-être
  m'expliquer un petit peu
  ce que vous avez fait?

— oui bien sûr ben
  quand nous avons acheté ben la maison
  euh bon ben c'est une maison en pierre hein
  les des des murs de 70 cm d'épaisseur
  enfin ce sont des de deux murs en fait
  avec de la terre au milieu
  et la partie que nous habitons
  c'était la partie qui était utilisée
  par le par le viticulteur
  euh par exemple il y avait donc une très très
    grande pièce
  et très très haute
  qui servait de pressoir
  et d'ailleurs quand nous avons acheté
  le pressoir était encore là
  avec euh sa vis de pressoir
  et puis les gros madriers là qui
  qui leur servaient donc à l'époque
  et qui est devenue maintenant notre chambre
  euh si bien que nous pouvons dire que nous
  que nous couchons
  euh su au-dessus de cuves euh enterrées
  quoi enfin bon
  il est plus question d'y
  d'y mettre maintenant du Muscadet ou quoi que
    ce soit
  mais . . . c'est c'est assez drôle
  et puis une euh une autre très très grande pièce
  puisqu'elle fait 36m carrés
  euh où il y avait
  les restants d'une grande cheminée
  que nous avons reconstituée
  et un un four à pain
  un four à pain complet
  avec euh son intérieur en en briques euh spéciales
  et mais le sol c'était de mm la terre battue
  c'était absolument de l de la terre battue
  le toit était en mauvais état
  euh si bien qu'il a fallu
  qu'il a fallu faire de grosses transformations
  et nous en avons fait une partie euh
  je dis bien une petite partie
  celle qui
  euh disons est accessible à des gens
  qui n'ont pas euh de grands talents euh manuels
    quoi hein
  mais ils simp ils sont simplement bricoleurs
  alors bon ça a été par exemple de
  de piquer les murs
  pour en faire tomber les restes de ciment euh
  qui qui tenaient à peine

euh ça a été de nettoyer une des pièces
qui servait là
une des pièces euh
une pièce un peu plus petite
qui était qui est contiguë
à une des deux pièces dont je viens de parler
qui était complètement couverte de suie
parce qu'ils y faisaient cuire le
euh les pommes de terre pour les cochons
je suppose hein et
ou ils y faisaient peut-être la lessive également
pour le cochon
puisque j'en parle justement euh
petite anecdote assez curieuse
notre notre salle d'eau
euh se trouve exactement placée
euh là où était la soue à cochons
et mm l'auge du cochon
me sert maintenant à mettre des fleurs quoi
mais enfin ça fait toujours beaucoup rire nos
nos amis quand nous leur disons que
la salle d'eau c'est euh
c'était la soue à cochons

— et vous madame
  est-ce que vous pouvez me décrire
  la maison telle qu'elle est maintenant?
  on entre par la porte et on se trouve où?

— on entre directement dans la salle de séjour
  alors donc euh
  comme on vient de le dire
  c'est une pièce euh
  qui fait 36m carrés
  avec une grande cheminée
  une porte-fenêtre qui donne aussi euh directement
    sur euh
  sur le jardin sur une terrasse
  et avec un coin-cuisine
  avec une sorte de bar
  et de dans cette euh salle de séjour
  euh donne une petite chambre
  et après donc euh
  toujours dans la salle de séjour euh
  euh commence le couloir
  et dans ce couloir euh
  il y a euh s euh la chambre
  qui donne sur ce couloir
  euh les toilettes
  et enfin
  dans le fond de ce couloir
  la pièce euh
  qui était donc toute noire
  et qui est devenue maintenant
  une chambre aussi
  et . . . bon c'est à peu près tout
  pour cette petite maison-là
  qu'on a mm appelée d'ailleurs euh
  dès le début
  la maison de Blanche-Neige

parce que
parce qu'elle est elle est assez basse
comme toutes les maisons de
de cette région
maisons vendéennes en général
(couverte de tuiles)
et couverte de tuiles
de tuiles rondes
et . . . elle était même
l'entrée était même si basse
que nous avons été obligés de la réhausser
euh sérieusement
parce que
il n'y avait que moi qui pouvais
passer par cette porte
sans me baisser
alors euh comme je mesure euh 1m 56
c'est pour dire que
peu de personnes pouvaient entrer

sans se baisser
et maintenant bon euh
même encore euh c'est une porte
(mm)
qui ne qui ne fait pas une hauteur tout à fait euh
normale quoi
alors donc euh
on a donc fait cette euh
cette transformation
et alors euh
la toiture surtout
on a été obligés de refaire euh
la toiture
parce qu'elle était en assez mauvais état
et au début euh
le vent passait un petit peu euh
(et . . . et quelques gouttes d'eau aussi oui)
et quelques gouttes d'eau aussi oui [rires]
(quelques gouttes d'eau aussi)

Vivre à Cergy-Pontoise (16)

— alors madame Belmer
avant de venir à Cergy en 1973
vous aviez un logement en HLM à la Ferté-Macé
quelle différence voyez-vous entre la vie là-bas et
votre vie ici?

— oh [il] y a cent pour cent de différence euh
la vie en HLM euh on ce c'est la vie en
communauté
on . . . on vit avec le voisin du dessus le voisin du
dessous
et les gens qui qui vont et viennent dans dans
l'immeuble
là on est chez nous
bien que ce ne soit pas une maison
euh comme vous pouvez voir euh
c'est pas une maison isolée
mais euh ce t ce type de maison
fait quand même qu'on a une certaine intimité
on a vraiment l'impression [qu']on est chez soi

— et vous êtes propriétaires vous n'êtes plus
locataires?

— non on est propriétaires oui oui absolument

— et au début
est-ce qu'il y a eu des problèmes?
par exemple au niveau de la construction de la
maison

— au début on avait des on a eu des petits problèmes
de
d'infiltration d'eau des petits problèmes de
d'isolation euh
de de fissures dans les murs
enfin tous les problèmes euh inhérents aux
constructions neuves

— il n'y a pas eu de problème depuis?

— euh depuis si on a des petits problèmes
mais euh je pense que c'est les problèmes de
n'importe quelle maison
en particulier on a eu des petits problèmes de
chauffage
bon des problèmes euh on a le chauffage collectif
donc ça représente des avantages parce que
c'est la [il] y a une centrale de chauffe pour l toute la
ville nouvelle
qui distribue la la chaleur dans [les] différents euh
appartements
mais avec l'inconvénient que les les tuyaux
les qui amènent la la la répartition de chaleur
euh passent sous la route
sont mal enfoncés
sont pas assez profonds dans la terre
donc toutes les trépidations des voitures et des
et des camions font que les le système de tuyauterie
n'est pas solide
et euh de temps en temps [il] y a euh
[il] y a des des perditions de chaleur
qui font que on en souffre à la fin du du réseau
à à la fin de la distribution euh le la chaleur n'arrive
pas
et on a des des ennuis en plein en plein hiver
et des radiateurs euh éclatent
ou des . . . des fuites de radiateurs en pleine nuit en
plein hiver
c'est pas très agréable

— donc le prix est raisonnable mais le service laisse à
désirer hein?
mais en somme vous êtes bien placés ici
vous êtes tout près du bois

— oui oui on est très bien placés
on a conservé dans la construction de la de la ville

surtout dans le quartier sud où nous sommes
 actuellement
on a conservé la quasi-totalité du bois
et euh ce qui amène de la fraîcheur de la verdure
euh des petits oiseaux en en profusion
et qui permet de de pouvoir aller s'aérer un peu
quand il fait très chaud
quand il fait beau le dimanche euh
le le bois est rempli de
de gens qui viennent euh se se promener pique-
 niquer euh
on peut aller se promener
les enfants peuvent aller jouer dans le bois
[il] y a des des aires de de jeux
qui sont aménagées de place en place dans le bois
euh des

— et pour les adultes?

— alors les adultes c'est c'est le lieu du du jogging
tout le monde euh va faire son son jogging le matin
euh faire euh il y a des clubs de gymnastique un
 peu partout
et euh dès qu'il fait beau
on va faire de la gymnastique dans le bois
c'est c'est très agréable

— alors vous avez le bois tout près
et vous avez aussi facilement accès à la
 campagne?

— alors la campagne
à dix minutes de Cergy euh en direction de la
 Normandie
on est en plein cœur du Vexin
et le le Vexin est une très très belle euh région
avec de vieux villages
on trouve encore des fermes fortifiées
on trouve encore des des très vieux villages
et euh

— il y a aussi beaucoup d'eau dans les environs

— oui il y a beaucoup d'eau [il] y a beaucoup de
 petites rivières
euh bon [il] y a la Seine qui est la rivière euh
 principale
avec des tas d'afflu d'affluents
ici il y a l'Epte
l'Epte qui est une euh un affluent euh assez
 conséquent
et qui a des t tas de petites ramifications
si bien que les champs sont irrigués
[il] y a toujours un petit coin de pêche
[il] y a un petit coin de . . . de fraîcheur

— alors vous qui ne travaillez pas
vous ne vous sentez pas isolée ici?
pour les femmes surtout qui arrivent ça doit être
 difficile

— ben pour une femme qui arrive euh
c'est très difficile de trouver dans un endroit
 inconnu
on on est habituée à ses commerçants
on est habituée à ses à ses anciennes euh ses
 anciennes relations

on arrive dans une ville inconnue
euh il faut essayer de s'intégrer
alors la f la meilleure façon de s'intégrer
c'est qu'il y a dans chaque euh ville nouvelle
et en particulier Cergy
[il] y avait des ce qu'on appelle des clubs-accueil
et quand une nouvelle famille arrive
euh les autres familles euh viennent par
 l'intermédiaire de de délégués
par l'intermédiaire de personnes euh bénévoles
euh viennent euh
pour euh demander si la la famille euh nouvelle
 arrivante
a besoin de . . . est en difficulté
a besoin de renseignements
faire des démarches administratives
et comme on vit euh en fait en en petits pavillons
plus ou moins euh en en ouverts les uns sur les
 autres
on peut très bien il manque quelque chose
on va frapper chez la voisine
et on peut se faire euh on se fait dépanner
 facilement euh
il y a un contact qui se crée euh d'une façon très
 très rapide

— et pour les petites nécessités de tous les jours
il y a ce qu'il faut dans chaque quartier?

— chaque quartier a son centre commercial
alors dans le centre commercial
vous avez les les les commodités euh de de
 première nécessité
le boulanger le boucher le le pharmacien
un un une petite su supérette un petit supermarché
où on trouve toute l'épicerie le tout le courant
et puis euh un centre médical

— bien c'est très commode ça
mais à part les produits de première nécessité
si vous voulez autre chose vous allez en centre
 ville?

— alors si on veut autre chose il faut aller en centre
 ville
pour ce qui concerne l'habillement
le euh les les les produits euh plus élaborés
il faut aller en centre ville

— et les magasins sont bien?

— ah les magasins sont bien
euh c'est un g un grand c'est un centre commercial
 régional
qui draine une partie de la population de la ville
 nouvelle
mais des environs

— et pour aller en centre ville
il n'y a pas trop de problèmes?

— alors il y a des autobus
des autobus dans chaque quartier il y a une une
 station d'autobus
et euh bon pour les les gens qui n'ont pas de
 voiture
une euh l'autobus est très très commode

— pour ceux qui veulent aller à Paris
le voyage est facile?

— Paris c'est très facile
on a depuis euh quelques années
euh une gare qui dessert Cergy
et qui met Paris à une trentaine de minutes
et on doit avoir fin 87 le RER
alors le RER sera connecté directement
au centre même de Paris

— alors vous êtes tout près de Paris et à la campagne
en même temps
il n'y a pas de pollution ici

— pas de pollution
parce que nous n'avons pas de d'usine à proximité
la ville nouvelle est privilégiée
et le le la zone industrielle qui fait vivre cette ville
nouvelle
et qui qui draine la la population
se trouve euh de l'autre côté de la boucle de de
l'Oise
et c'est une ind une ind ce ne sont que des
industries propres
enfin ce sont ou des sous-traitants
ou des petites industries de de de transformation
ou des euh des industries qui qui ne polluent pas
de toute façon
[il] y a aucune fumée
on ne voit aucune fumée euh dans la dans la zone
industrielle

— j'ai entendu dire que les enfants sont rois à Cergy
est-ce que ça se voit dans certains îlots certains
quartiers
ou bien partout dans la ville?

— ça se voit partout dans la ville
les enfants sont réellement rois
euh du fait de la construction même de la ville
qui a été faite à deux niveaux
il y a le niveau voitures et le niveau piétons
et dans chaque petit quartier il y a euh des espaces
verts
euh vous avez vu [il] y a des buttes euh d'herbe
devant chez nous
euh il y a le le bois bon bien sûr à proximité

— et les enfants peuvent aller d'un quartier à l'autre
par une passerelle?

— sans traverser la rue
avec les bicyclettes euh [il] y a aucun problème
et . . . s'ils traversent la rue
c'est qu'ils sont euh en infraction avec les avec
eux-mêmes
ils n'ont pas à traverser la rue

— il y a paraît-il énormément d'adolescents à Cergy
est-ce qu'il y a des problèmes à leur niveau?

— oui alors les adolescents qui ont euh quinze
entre quinze et dix-sept ans maintenant
sont les les petits enfants d'il y a euh
qui étaient là en 73
bon maintenant ils arrivent à un âge où ils ont
envie d'autre chose

alors malheureusement c'est un petit peu le point
euh pour les adolescents il n'y a pas grand-chose

— des cinémas etc. sans doute
mais pas de lieux de rencontre pour les jeunes?

— alors il y a des lieux de rencontre
oui [il] y a des les maisons de quartier
il y a des des lieux de de rencontre
mais euh bon les adolescents ça les intéresse pas

— est-ce que cette situation crée des problèmes?

— alors il y a des problèmes dans certains quartiers
les nouveaux quartiers en particulier
qui sont la majorité des la des quartiers de de
location
de locatif des immeubles
et il y a des euh des problèmes
comme partout dans les les grandes concentrations

— par exemple?

— euh des problèmes de vandalisme des problèmes
de euh
les enfants détériorent les voitures
les vols de de v d'autoradios dans les voitures
les vols de pneus des vols de euh de vêtements
les cabines téléphoniques ne fonctionnent pas
parce qu'elles sont détériorées
[il] y a certains endroits où c'est assez euh assez
crucial
mais c'est comme partout ailleurs

— ce qui me frappe à Cergy c'est que chaque quartier
a son identité
est-ce que les nouveaux quartiers
à Cergy-Saint-Christophe par exemple
sont également variés?

— ces ces quartiers-là euh sont a(u)ssez sont assez
différenciés
il y a quelques maisons individuelles
mais ils ont fait surtout
euh on a l'impression que les architectes
ont fait des . . . d des essais
alors il y a [il] y a un [il] y a de tout
[il] y a une grande diversité
c'est un peu normal d'avoir euh
d'essayer de faire euh euh de créer quelque chose
de nouveau
à un endroit où il n'y a rien
donc on n'est pas tenu par une certaine architecture

— c'est ce qui m'a frappé en arrivant à Cergy
on a l'impression que tout est possible
mais vous en somme
êtes-vous contente de votre vie ici?

— ah oui je suis très contente et je je je me sens très
bien ici
je préférerais je préfère habiter Cergy
qu'habiter euh un magnifique appartement à Paris
ici lorsque on lorsqu'on revient de passer une
journée
euh de de soit à travailler soit à faire des de
soit à se promener ou faire des courses dans Paris
quand on arrive à Cergy on respire
on respire on est on est à la campagne

«Plogoff est à nous» (21)

— Plogoff c'est un village breton
  pour les Français
  son nom signifiera longtemps
  la contestation anti-nucléaire
  pour préciser les faits de l'histoire
  j'ai d'abord parlé avec Madame F.
  membre du conseil municipal de Plogoff
  madame
  voulez-vous nous expliquer s'il vous plaît
  ce qui s'est passé à Plogoff?

— euh l'affaire remonte à novembre 1974
  quand le maire Jean-Marc Kerloch
  a lu dans *Ouest France*
  que sa commune était un des cinq sites choisis
  pour l'implantation éventuelle d'une centrale
    nucléaire
  ensuite en juin 1976
  l'EDF est venu pour faire des forages sur le terrain
  et la population a immédiatement réagi
  en barrant les voies d'accès
  au bout de quatre jours et quatre nuits
  l'EDF est reparti sans mettre le pied sur la commune
  en janvier 1980
  le maire et le conseil municipal ont alors appris
  qu'une enquête d'utilité publique allait être ouverte
  c'est le procédé classique
  lorsque de grands travaux doivent être entrepris
  on demande alors à la population son approbation
  ils ont décidé de refuser l'ouverture de cette
    enquête
  mais le préfet a alors nommé le sous-préfet
  pour remplacer le maire défaillant
  il est arrivé le 20 janvier à quatre heures du matin
  avec huit camions de gardes mobiles
  pour afficher sur le volet roulant de la mairie
  l'arrêté d'enquête d'utilité publique
  les habitants
  ont immédiatement riposté
  hein ça ressemblait à une guerre
  ils ont dit «mais euh
  ils ne viendront pas chez nous
  il n'en est pas question»
  et immédiatement
  ont installé des barrages sur les routes
  il a fallu quatre heures aux gardes mobiles
  pour franchir ces barrages
  puis ils ont installé une mairie annexe
  puisque la mairie était bloquée
  c'est ce qui a provoqué les six semaines
    d'échauffourrées
  entre les habitants et les gardes mobiles
  les habitants attaquaient à coups de pavé
  et lançaient des injures
  les gardes mobiles s ripostaient
  à tir de grenades lacrymogènes

— le témoignage de Madame F. a été enregistré sur
    place à Plogoff
  aujourd'hui dans le studio
  je vais demander l'avis sur cette affaire

  de nos deux invités
  Madame Janine Ricaut
  membre du comité d'action de Plogoff
  et Monsieur Edouard Lefèvre
  responsable d'EDF
  alors madame
  pourquoi est-ce que vous continuez à vous opposer
  aux projets d'EDF?

— ben à Plogoff
  on se bat contre le nucléaire
  parce que on on a peur du nucléaire
  et moi je pense qu'on a raison hein
  parce que
  on ne peut pas lire son journal
  sans voir un incident
  dans telle ou telle centrale nucléaire
  alors
  évidemment ici
  ben on défend son patrimoine
  et on défend son pays
  et on défend cette côte magnifique
  qui s'appelle la Pointe du Raz
  b s c'est une côte mondialement connue
  et elle fait partie
  du patrimoine naturel de la France
  alors
  qu qu'est-ce que ça va devenir
  tout ça
  après l'implantation de la centrale?

— on a dit que votre lutte est essentiellement une
    lutte politique
  est-ce vrai à votre avis?

— mais non mais
  la lutte de Plogoff ce n'est pas une lutte politique
  nous luttons
  parce que les gens sont très conscients
  des inconvénients
  de l'implantation d'une centrale nucléaire
  ben d'abord par exemple
  il y a le problème du réchauffement de l'eau
  alors ça
  ça fait peur aux marins
  puis ensuite il y a le problème du chlore
  tout ce déversement continuel
  de chlore dans la mer
  ça va détruire
  toutes les variétés de poissons
  hein
  et la pêche?
  eh bien c'est notre industrie principale vous savez
  il y a beaucoup de gens qui en vivent
  alors . . . de quoi est-ce qu'ils vont vivre
  s'il n'y a plus de poissons?

— monsieur
  vous travaillez sur ce projet pour EDF
  vous savez donc sans doute
  que les habitants ont très peur
  des effets du chlore

qui sera déversé dans la mer par la centrale
que pouvez-vous dire pour les rassurer?

— euh je reconnais que les habitants de Plogoff
craignent que les poissons ne soient tués
par les rejets déversés dans la mer
par la centrale
mais
je pense euh sincèrement
que ces craintes sont mal fondées
et je peux donner l'assurance
que les concentrations de chlore
seront très très faibles
s'il s'agissait d'eau potable
et non d'eau de mer
le niveau de ces concentrations
serait encore acceptable
c'est-à-dire l'eau resterait potable

— les habitants de Plogoff
craignent aussi
comme l'a dit madame
la possibilité d'un accident à la centrale
voulez-vous commenter cette observation?

— bien sûr
je pense encore une fois
que ces craintes sont sont très très mal placées et
   fondées
car lorsque la première tranche de la centrale de
   Plogoff
sera mise en service
elle portera le numéro soixante
soixante
cela veut dire qu'EDF aura déjà fait l'expérience
de cinquante-neuf tranches nucléaires
donc tous les problèmes
qui inquiètent les habitants de Plogoff
ont déjà bien sûr été . . examinés
en ce qui concerne les autres centrales
qui sont installées sur le littoral
et de toute façon
s'ils ne me croient pas
qu'ils aillent parler aux habitants de ces régions
ils verront bien qu'il n'y a . . . rien à craindre

— parlons maintenant du côté positif
la construction de la centrale
apportera-t-elle des bénéfices
aux habitants de la région?

— euh la construction de la centrale
oui bien sûr
car elle sera effectuée
par à peu près deux mille personnes
et EDF a la volonté
que ces personnes viennent en majorité
des environs de Plogoff
nous voulons que cette centrale
soit construite par les Bretons
au service de la Bretagne
et à une époque où [il] y a autant de chômage
c'est vraiment très appréciable

— alors là

cette question des emplois
que la centrale va apporter
moi je n'y crois pas hein
parce que
notre maire
eh bien
elle a visité la centrale nucléaire de Chinon
elle a discuté après avec les gens du village
bon
[il] y a une commerçante qui lui a dit que
pendant la construction de la centrale
ah oui là il y a surpopulation hein
oui mais après
les cadres de l'EDF
qui travaillent sur la centrale
eh bien
ils habitent tous à cinquante kilomètres
ben ils ne font rien dans le village
absolument rien
hein
ils y achètent leur journal le matin
en buvant leur petit Muscadet
et voilà hein
c'est tout

— mais nous venons d'apprendre n'est-ce pas
que cette centrale serait construite par les Bretons

— non
la centrale de Plogoff
ne donnera pas de travail aux entreprises du coin
   hein
euh ce sera deux grandes entreprises
de Marseille et de Brest
qui vont faire construire cette centrale
et en plus
ils vont apporter leurs travailleurs
alors évidemment
il y a des logements euh à mettre en place
pour les cadres de d'EDF
et là
ce sont les petites entreprises du coin
qui vont les construire
mais
c'est pas parce que les gens auront fait un logement
   ou deux
dans plusieurs communes
euh qu'ils gagneront leur vie plus tard hein
alors ça c'est un avantage à court terme

— pourquoi tenez-vous tellement
à empêcher la construction de cette centrale?

— eh ben
Plogoff pour moi
c'est ma vie
c'est tout
je euh je ne vois vraiment pas
ce que je pourrais faire sans Plogoff
j'y tiens
comme à moi voilà
hein Plogoff
c'est à nous
c'est tout

La catastrophe de la centrale nucléaire de Tchernobyl (22)

Hier, à cette même heure, on se demandait si ce qui se passait à la centrale nucléaire soviétique de Tchernobyl était un accident ou une catastrophe. Vingt-quatre heures plus tard on peut parler de catastrophe, même si les Soviétiques sont toujours aussi avares d'informations. Ils continuent d'affirmer qu'il n'y a eu que deux morts mais viennent d'annoncer l'évacuation de plusieurs milliers de personnes dans un rayon de trente kilomètres autour de la centrale sinistrée.

D'après le communiqué officiel publié par l'agence Tass, l'accident est survenu dans un des locaux abritant les turbo-alternateurs du quatrième bloc énergétique et a provoqué la destruction d'une partie du bâtiment où se trouve le réacteur. Pour les experts occidentaux, une seule chose paraît sûre: le coeur du réacteur a subi une fusion partielle ou même totale et le graphite s'est enflammé, ce graphite qui sert à ralentir les neutrons dans la réaction atomique. C'est cet incendie qui a dégagé dans l'atmosphère un nuage radioactif que les vents du sud-est ont entraîné vers l'Europe du Nord. Ainsi, dès lundi matin, les Suédois et les Allemands de l'Ouest mesuraient un taux anormal de radioactivité et dans le nord-est de la Pologne, où les dangers de retombées radioactives sont le plus à craindre, des taux de radioactivité vingt fois supérieurs à la normale auraient été enregistrés. Même s'il n'y a pas de véritable danger pour les populations des pays voisins de l'Union Soviétique, il leur a été recommandé de prendre un minimum de précautions. C'est ainsi que dans la région d'Uppsala en Suède, la population a été invitée à s'abstenir de boire de l'eau de pluie, et dans le sud de l'Autriche, le gouvernement régional a conseillé au public de laver les légumes et de ne pas boire de lait pour le cas où les vaches auraient pu manger de l'herbe contaminée. L'inquiétude est très vive ce matin à Varsovie où la population redoute beaucoup les risques de contamination radioactive.

En URSS, l'incertitude sur le bilan de la catastrophe est toujours aussi grande, et peut-être ne connaîtra-t-on jamais exactement ce bilan. En tout cas, à Tchernobyl, le graphite brûle toujours dans le réacteur n° 4 et une radioactivité importante se dégage. Deux questions se posent parmi beaucoup d'autres. Première question: comment éteindre l'incendie qui continue à ravager la centrale nucléaire? Les spécialistes soviétiques projettent, paraît-il, d'enfouir le cœur du réacteur sous des tonnes de sable et d'argile pour stopper la réaction en chaîne. Et deuxième question: quels soins peut-on apporter à tous ceux qui ont subi les effets de l'irradiation?

Le point de vue d'un professeur (23)

Voir pages 27–9.

L'école privée (i) et (ii) (25)

Voir pages 31–4.

Vers le baccalauréat (26)

— on dit que la seconde est une classe «commune»
une classe de «détermination»
mais j'ai l'impression déjà
que l'élève qui choisit telle ou telle option
s'oriente en quelque sorte vers tel ou tel
    baccalauréat

— voilà c'est ça
l'option choisie en seconde
bien qu'elle soit une option dite facultative
est assez déterminante

— oui je vois
mais c'est vraiment à partir de l'entrée en première
n'est-ce pas
que l'élève s'engage dans une filière bien
    déterminée

— oui les secondes ne portent aucun nom
ne portent aucun signe
alors qu'en première
on arrive dans les premières A B S ou G
dans ces classes de première A
on détermine trois classes de première A
la première A1 qui est euh
le plus de mathématiques et deux langues
    obligatoires
la première A2 trois langues vivantes
ou deux langues vivantes et une langue morte
et le bac A3 enseignement artistique
qui se divise
soit par l'art plastique ou l'option musique
donc vers un bac A3
qui est à la fois littéraire et option arts
ensuite on a donc le bac B
où les matières prédominantes sont les
    mathématiques
et l'économie générale
et le bac S
pardon la première S

— oui c'est de la première qu'on parle n'est-ce pas

— et le niveau de la classe de première S
c'est surtout euh les maths
c'est vraiment les sciences physiques et les maths
qui sont très prédominants (sic)
quant aux premières G
depuis 84
la rentrée 84
ce ne sont plus des G1 G2 G3
mais des G tronc commun
comme les élèves de seconde
et s les G à tronc commun
malgré tout ont des options aussi
comme en seconde
bien moins bien . . . moins nombreuses
deux options
une option expression
qui guide les élèves vers un bac G1
et une option mathématiques
qui envoie les élèves vers un bac G2 G3

— et pour tous les élèves n'est-ce pas
en première comme en terminale
il y a quand même un tronc commun
puisqu'il y certaines matières
que suivent tous les élèves?

— oui vous avez donc euh voilà
pour les premières
les premières A B S et G
le français dans toutes euh ces premières
les mathématiques
l'histoire-géographie
la langue vivante un obligatoire
on peut

— et les sciences physiques et naturelles sans doute
pour tous sauf les G?
et aussi bien sûr l'éducation physique?

— c'est vrai
et on a tendance à l'oublier
et en terminale
ce sont le les mêmes enseignements
sauf le français qui est remplacé par la philo

— par la philosophie d'accord
et en terminale aussi
n'est-ce pas
il n'y a que les scientifiques
qui font les sciences?
et les G1 n'ont pas de maths obligatoires?

— voilà

— est-ce qu'on pourrait parler maintenant
des classes de terminale
série par série
section par section
et surtout des baccalauréats auxquels elles donnent
    accès?

— mm bien sûr
le passage en terminale est
la classe s'appelle de la même façon hein
le (sic) première A1 terminale A1
ainsi de suite pour les . . . terminales
alors en terminale A1
ce seraient les mathématiques
et les langues qui primeraient
euh les gens qui ont un bon bac A1
c'est-à-dire les gens qui travaillent un bac A1
ont quand même un coefficient
très élevé au bac euh sur les mathématiques
et sont avant tout bon des littéraires
et il arrive qu'on offre les mêmes possibilités à des
    gens
qui ont un bac A1 qu'au bac C
A2 ce sont les baccalauréats euh langues vivantes
on y retrouve trois langues obli obligatoires
on y retrouve soit trois langues vivantes
soit deux langues vivantes et une langue morte
telle que le latin ou le grec

— donc c'est le bac pour les forts en langues

— les forts en langues

— et la terminale de la section A3
et le bac A3?

— A3 c'est un bac avant tout un bac littéraire
il faut faire très attention
ce n'est pas un bac dessin
ni un bac musique
ni un bac théâtre
c'est avant tout un bac littéraire
avec une option dite lourde
sur les arts

— oui d'accord
et maintenant le bac de la série B
le bac B c'est?

— B c'est surtout l'économie
euh le bac B c'est donc en effet bon
économique et social
le bac B est un . . . très bon bac
c'est un bac assez riche

— alors la terminale C maintenant
le bac C c'est un bac comment?

— dans un bac C
alors le bac C
c'est vraiment les sciences physiques et les maths
qui sont très prédominants (sic)
avec un bac C euh en France
on peut faire n'importe quoi
tout est ouvert à un bac C

— oui parce que les C font le français une langue
vivante etc.
on pourrait donc dire que le bac C
est le bac le plus coté hein?

— oui tout à fait

— alors à la fin de première
les élèves de S se divisent en C ou en D
on a parlé des C
parlons maintenant des D

— les élèves de D
c'est avant tout aussi un bac mathématiques
bien sûr

puisque eux ils ont eu le même enseignement en
première
mais c'est surtout les élèves
qui se s'intéressent aux sciences naturelles
c'est des choses plus concrètes hein
la nat la scien les sciences de la nature
donc beaucoup de biologie
et en effet euh
les gens qui sont en terminale D
ont déjà fait un choix à la fin de leur première
pour leur futur travail
en pharmacie en médecine
et en biologie

— et les élèves de G
ils s'orientent hein vers un bac G1 G2 ou G3
selon leur option en première
un bac G1 c'est un bac comment?

— un bac G1 c'est un b un un bac à option expression
l'option qui a été choisie à la fin de la seconde
à l'entrée en première
c'est un bac plutôt pour le secrétariat
euh on l'appelait autrefois bac administration
s c'est pas tout à fait le mot qui convienne
c'est surtout euh le secrétariat
quant au bac G2
c'est un bac euh assez mathématique
le niveau de G
le niveau de mathématiques en G2
est assez important
parce qu'on y travaille quand même euh
beaucoup la comptabilité
puisque c'est un bac euh techniques quantitatives
de gestion
où on demande quand même euh
beaucoup de logique aux élèves
et quant à G3
[le] bac G3 est avant tout un bac euh
vente commerce marketing publicité
ce qui prime c'est la vente

— alors les bacs G s'orientent déjà vers une profession
donnée
c'est peut-être pour cela hein
qu'on les appelle des baccalauréats de technicien

— oui tout à fait

Chômage et alcoolisme en Bretagne (27)

Marie-Yvonne L. actuellement l'alcoolisme et le
chômage
sont vraiment euh
les deux trucs qu'on voit euh
sans arrêt sans arrêt sans arrêt

Brigitte W. bon euh il y a tout de suite euh
le problème souvent du travail
en général ils [ne] tiennent pas
enfin très souvent à la même place
[il] y a le problème d'argent
qui se greffe automatiquement
dessus
[il] y a les problèmes des enfants
qui vivent plus ou moins bien
enfin ça dépend encore de la mère
qui est là qui soutient
enfin ou qui [ne] soutient pas
le problème d'alcoolisme du père
euh les problèmes de scolarité de
l'enfant
les problèmes conjugaux
enfin les dettes qui se se enfin
vraiment c'est un ensemble hein
dans ces familles où vraiment il y a
un alcoolisme important
on retrouve euh des problèmes à
tous les niveaux

Marie-Yvonne L. oui mais on se demande
quelquefois euh

Brigitte W. (pourquoi il y a l'alcoolisme)

Marie-Yvonne L. lequel entraîne l'autre
enfin ce soir là je sortais
d'une euh d'une cité
qui est vraiment une (mm)
une cité très très dure sur Guingamp
et où le problème euh
est complètement général hein
c'est une cité euh
c'est très très particulier
c'est vraiment une sorte de ghetto
et
enfin j'ai été appelée cet après-midi
pour des dénonciations
euh une dame m'appelant
pour me dire que les voisins d'en
face euh
étaient des ivrognes abominables
et qu'ils élevaient pas bien leurs
enfants
et puis
quand je vais dans l'autre famille
on me dit mais non
c'est elle qui boit et qui est
insupportable le soir
et puis
tout le monde est capable de
s'engueuler joyeusement
et puis pour finir c'est un peu tout le
monde

La condition de chômeur (27)

L'enquêteur demandera au chômeur/à la chômeuse:

— comment il/elle passe son temps (maintenant qu'il/elle est au chômage)

— comment il/elle réagit, physiquement ou psychologiquement

— s'il/si elle a souvent été malade

— si son revenu a beaucoup baissé et s'il/si elle en souffre

— s'il/si elle veut réellement trouver un autre emploi ou s'il/si elle ne préfère pas être au chômage

— s'il/si elle pense se recycler, suivre une formation

— quelles sont les réactions à son égard de ceux/celles qui travaillent encore

— comment il/elle est perçu(e) par les employeurs

— ce qu'il/elle fait pour trouver un emploi.

Un cas désespéré (28)

Marie-Yvonne L. moi je peux citer un cas
que j'ai vu cet après-midi par
  exemple
bon ben c'est un monsieur
je [trouve] que son cas est très
  exemplaire
par rapport à à la crise qu'on vit
  actuellement
c'est un monsieur qui est venu en
  Bretagne [il] y a
peut-être euh six ou huit ans
parce que
sa femme était malade
et que les médecins lui avaient dit
qu'elle avait besoin de l'air de la
  mer
il a quitté son travail
bon elle avait une maladie
  incurable et
je vois pas ce que l'air de la mer
  pouvait changer
bon il est venu ici
il a trouvé un boulot
pendant deux ans
sa femme est morte entre-temps
il a été licencié
avec plusieurs autres personnes de
  la société
parce qu'[il] y avait récession de
  personnel
et puis euh ben un peu petit à petit
il est tombé dans le circuit euh euh
  travail euh saisonnier

bon d'abord travail saisonnier
  ouvrant droit
à des prestations de chômage
puis travail saisonnier n'ouvrant
  plus droit à des
prestations de chômage
parce que
il n'en avait plus assez
et puis cet homme se trouve à 59
  ans
avec aucun revenu
il a épuisé toutes (sic) ses droits
il n'a rien pour vivre
rien
or . . . c'est une personne qu'on
  veut pas aider
il a pas d'enfant à charge
il a pas encore droit à une
  préretraite
eh bien moi je moi je ne connais
  pas de fonds
à part (mm) euh le secours-
  préfecture
qui (mm) est un secours ponctuel

Brigitte W. ou quelques organismes privés
  enfin

Marie-Yvonne L. oui mais enfin il y a vraiment pas
  d'aide euh
de soutien euh permanent
pour ces gens-là
moi je vois pas de quoi il peut
  vivre

Sans foi ni loi? (32)

c'était
la première organisation qu'on faisait
avec la la nouvelle direction du club
parce qu'avant c'est pas moi qui s'en occupait
ça fait que . . . t quatre ans
et on avait décidé de se faire une concentration
à savoir un rassemblement de motards
comme ça se faisait beaucoup à l'époque
ça se fait moins maintenant
justement à cause de quelques perturbateurs (mm)
et près des grandes villes ça euh
c'est pas très prudent d'en organiser
ça fait des bagarres ou
mais maintenant ça se fait sur invitation
alors ça fait qu'on limite un peu les dégâts
mais enfin à l'époque c'était pas comme ça
ça se faisait pas sur invitation
alors pour – . . . décourager les . . . les perturbateurs
qui sont . . . pas souvent des «roule toujours»
on avait décidé de faire ça sur le haut du Menez-Bré
pour euh avoir vraiment
un . . . une concentration hivernale
avec du froid
enfin on espérait du froid mais [rires]
pas tant qu'on(t) en a eu [rires]
le Menez-Bré c'est un point culminant de la
    Bretagne
ça fait 300 mètres de haut [rires]
c'est dingue [rires]
toujours est-il que ce jour-là
mais y . . . je sais même pas s'[il] y a eu un
une journée comme ça dans le siècle
ici c'était la pluie qui tombait
et gelait à [= au] fur et à mesure
    qu'e[lle] qu'e[lle] tombait
sur les arbres il y avait des . . . des des glaçons
    immenses
tout par terre c'était gelé
alors tout ce beau monde-là y est est arrivé là après
    midi

dans ce temps-là
ceux qui pouvaient monter parce que ça patinait
    euh s
et . . . ils n'ont pas pu monter leurs tentes
parce que il faisait trop froid
et les toits étaient gelés givrés et la
le tissu craquait vous savez quand c'est gelé là
ben on peut pas les monter
les piquets pliaient [rires]
alors sur le haut de ce Menez-Bré là il y a une
    chapelle
et puis euh quelques-uns euh ont ont fracturé la porte
    pour entrer
se mettre à l'abri
[alors] la concentration s'est déroulée là-dedans
avec tout ce que ça comporte comme euh . . . comme
    libations
des chants plus ou moins euh appropriés [rires]
dans dans une chapelle [rires]
et . . . beaucoup de bière et
la remise des prix le lendemain
on avait fait une estrade et puis
la remise des des coupes et tout le lendemain dans la
vous savez dans la . . . sacristie je crois que ça
    s'appelle là hein
oui
ce c'était bien
ils ont même fait un feu à l'intérieur . . . pour
    réchauffer
en prenant les chaises euh au début les chaises un
    peu détruites
en les cassant en faisant du feu avec
et puis après euh les chaises un peu meilleures
mais après tout c'était la maison de Dieu
    hein . . . [rires]
c'est c'est normal
[il] y a eu quelques problèmes après [avec] les
    autorités
mais pas beaucoup

Pourquoi pas vous? (33)

(Annonce radiophonique du *Comité français d'éducation pour la santé*.)
Je me suis toujours trouvé de bonnes raisons de ne pas m'arrêter: la peur de grossir, d'être énervée. Puis, un matin devant ma glace, j'ai trouvé mes quarante ans un peu fatigués. Alors j'ai pris mon courage à deux mains. J'ai d'abord annoncé à tout le monde que je m'arrêtais de fumer, pour me bousculer. Et puis après, chaque jour un verre d'eau ou une pomme quand l'envie était tenace. Et j'ai tenu le coup. Et maintenant c'est autre chose. Je respire, je cours, j'ai retrouvé mon deuxième souffle. . .

Des millions de Français se sont arrêtés de fumer.
Pourquoi pas vous?
[*Musique*]
Votre santé dépend aussi de vous.

Bagarre mortelle à Pédernec (34)

euh une nuit un un dimanche matin à quatre heures
    du matin
euh j'ai été réveillé donc par le téléphone
euh c'est un peu avant deux quatre heures du matin
d'ailleurs trois heures et demie
euh un de mes commandants de brigade
le commandant de brigade de Bégard si vous voulez
euh me téléphonant pour me dire euh
j'ai un meurtre sur euh les bras
et donc euh je me trouve euh à tel endroit
à Pédernec
et [toux] au cours d'une bagarre euh
l'un des deux . . . protagonistes euh
est mort
bien euh il me dit j'ai prévenu madame euh le
    procureur
puisque le procureur est euh féminin ici à Guingamp
euh elle va se rendre sur les lieux
donc euh bien sûr bien entendu je me je me leve je
    m'habille
je . . . téléphone immédiatement à à
à mon commandant de brigade des recherches
et je lui dis bon meuh dans dix minutes nous partons
    sur Bégard
euh prenez ce qu'il faut enfin le matériel l'appareil
    photo euh etc
pour euh . . . je lui explique en trois mots euh ce dont
    il s'agit
bon dix minutes plus tard [nous] nous sommes euh
    rendus ici
euh eux prennent leur véhicule et moi je prends ma
    voit ma voiture donc euh
de fonction bien sûr
et nous nous rendons euh sur les lieux
en gros vers euh quatre heures du matin
sur place je trouve bien sûr mes gendarmes
    de . . . Bégard
euh qui euh je trouve le corps bien sûr près du camion
près d'un camion
les pompiers euh qui avaient déjà essay[é]
qui voulaient déjà enlever euh le corps
la br le le véhicule de gendarmerie avec euh le l'auteur
[si vous voulez] le le deuxième euh individu
et et le toubib qui était déjà en train de lui faire le
euh de qui lui administrait un calmant d'une part
et d'autre part aussi une prise de sang
pour déterminer euh son état
compte tenu qu'on voyait bien
qu'il était dans un état
enfin qu'il était pris de boisson (toux)
euh quelques instants après bien madame le
    procureur euh
arrive euh sur les lieux
bon et nous essayons de reconstituer un peu le
    déroulement
euh chronologique euh des faits
bien il apparaît que
trois beaux-frères
sont venus dans ce café
après avoir travaillé chez l'un d'eux
ensuite euh ont dîné toujours euh chez ce euh chez
    chez celui-là

et ensuite ont décidé de partir euh
euh boire un coup dans une dans un café
il devait être minuit
mais pour se déplacer on utilisait un euh trente-tonnes
pour venir (rires) au café
bon euh ils sont restés jusqu'à l'heure de fermeture
et et c'est là qu'on s'est aperçu que
disons le propriétaire du café n'avait pas fermé à
    l'heure euh légale
bon euh ils ont bu un certain nombre de de de bières
et puis en sortant le
ils sont tous les trois montés dans le camion
ils sont partis
et malheureusement pour eux bon
n'étant plus dans un état tout à fait normal
en partant le le camion a accroché deux véhicules
euh en a traîné un un petit peu
bon il y avait personne dedans mais enfin
les dégâts matériels étaient assez importants
ce qui fait que les trois
les trois beaux-frères se sont un peu . . . disputés
bon ils sont allés garer le véhicule un peu plus loin
et l'un des le propriétaire du camion est revenu
euh disons euh une vingtaine de mètres en arrière
pour vérifier
les dégâts des deux véhicules
euh pendant ce temps les deux autres
euh l'un des deux a dû reprocher à . . . à l'auteur de
    d'avoir
enfin au chauffeur d'être d'être pris de boisson
ou d'avoir euh mal conduit
toujours est-il qu'ils se sont battus
et puis que au cours de la bagarre
l'un des deux est resté euh sur le carreau
bon il fallait donc déterminer si c'était bien
euh si vous voulez le le coup de poing
qui avait provoqué la mort
et puis connaître un peu
les la manière dont la dispute s'était passée
bon alors euh dès ce de ce matin-là
euh madame le procureur a prescrit une autopsie
pour déterminer [la] cause de la mort
enfin c'est nous lui demandons donc
mais c'est elle qui donne l'autorisation
et euh nous nous relevons si vous voulez le nous
    prenons les photos et
toutes euh nous mesurons euh la position du corps de
euh du véhi des véhicules etc
bon nous prenons tous les renseignements
concernant les propriétaires des véhicules
    endommagés
et euh la les renseignements concernant l'identité des
    témoins
euh des différents témoins qui se trouvaient sur place
euh et puis ensuite bon ben nous convoquons tout ce
    monde-là
pour euh le lendemain
euh enfin le lendemain c'était le jour même si vous
    voulez
mais disons pour l'après-midi
de façon à essayer de reconstituer un peu l'affaire

«On est connu de tout le monde» (37)

— alors Monsieur Leizour
   voulez-vous bien nous expliquer
   le rôle du maire en France?

— euh en définitive euh le maire a une responsabilité
     personnelle
   mais aussi une responsabilité collective
   sur le plan euh d'un certain nombre d'élus
   euh au niveau de la commune
   hein qui représente une collectivité
   euh d'une certaine étendue
   d'ailleurs euh collectivité euh de niveau variable
   très variable
   il y a des communes en France qui ont
   euh aujourd'hui euh je crois encore quelques-unes
     euhmm
   moins de cent habitants
   et et d'autres qui ont naturellement
   vous imaginez bien
   comme en Angleterre euh mm
   des milliers des centaines de milliers d'habitants
   et même euh plusieurs millions
   hein et pas seulement Paris
   pas seulement Paris
   alors le rôle . . . euh m m du maire est évidemment
     très
   très différent
   on l'imagine
   même si les règles municipales sont les mêmes
     pour lui
   comme pour euh le maire de la commune de de
     de deux millions ou trois
   d'habitants
   mais il a moins de soucis
   moins de problèmes quand même
   nous avons nous onze mille
   environ onze mille habitants
   à Guingamp

— et chacune de ces communes a son maire?

— et chacune a son maire
   et son conseil municipal

— et le conseil municipal peut être de tendances
     politiques diverses

— de tendances diverses aussi
   ah oui oui oui
   oui oui
   pour reprendre les expressions euh que vous
     connaissez en France
   gauche droite
   hein modéré . . . ou euh . . . progressiste
   là elles peuvent euh avoir euh
   elles élisent leurs euh conseils municipaux ces
     communes
   et elles sont ce qu'elles sont
   euh en fonction des habitants et de
   ce qui est le souhait des habitants

— et en ce qui concerne votre conseil municipal

   quelle est la représentation des tendances
     politiques?

— euh eh bien eh bien ici nous avons nous
   euh diverses tendances au conseil municipal
   nous avons euh vingt-trois conseillers municipaux
   parce que il y a onze mille habitants
   et euh sur les vingt-trois il y a
   six conseillers municipaux de tendance disons
     modérée
   de droite si vous voulez
   mais sans aucune nuance péjorative hein euh hein
   bon modérée
   euh et puis euh . . . huit ou neuf euh huit euh
     euhmm socialistes
   socialistes correspondant un peu aux aux
     travaillistes en France
   euh en Angleterre pardon
   et puis euh nous avons été neuf
   et puis maintenant huit communistes
   huit communistes
   l'un de nos collègues est décédé
   euh il y a . . . six mois environ

— et le maire
   pouvez-vous nous dire par qui il est élu?

— il est élu par les membres du conseil
   le maire est élu par les membres
   pas directement par les euh citoyens les
     concitoyens
   mais par le conseil municipal

— il est assez fréquent en France n'est-ce pas
   pour un maire d'être en même temps député

— assez fréquent
   oui oui

— vous êtes vous-même n'est-ce pas
   à la fois maire de Guingamp
   et député d'une circonscription dans les Côtes-du-
     Nord
   donc vous partagez votre temps entre Guingamp
     et Paris?

— Guingamp et Paris
   oui oui
   Guingamp et Paris
   notez que euh le député euh n'est pas en session
     parlementaire
   euh à longueur d'année
   il il il y a il ce sont des sessions de trois mois
   session d'été*
   session de printemps
   trois mois de vacances parlementaires comme on dit
   et trois mois de session

— dans l'ensemble est-ce qu'il est facile ou difficile
   de concilier le rôle de député et celui de maire?

---

*En fait les sessions parlementaires commencent
 normalement le 2 octobre et le 2 avril.

— euh honnêtement honnêtement
euh le le plus gros travail
euh peut-être aussi le plus . . . intéressant
là où il y a le contact direct avec la population
où on voit le résultat . . . de ce qu'on a fait
et si c'est bien ou si c'est mal
c'est . . . le maire
c'est . . . la commune
ah oui
et puis euh dans les villes comme ici
nous connaissons tout le monde hein
c'est pas [comme] dans les grandes villes
où le maire se promène euh euhb incognito
ou presque . . . hein
même si on a vu sa photographie
de temps à autre sur euh des journaux
ici euh bon on est connu de tout le monde
euh ce qui est un avantage et un inconvénient
c'est très sympathique
euh on ne descend pas de voiture
sans être tout de suite abordé par euh . . . des gens
pour vous serrer la main
ou bien aussi pour vous demander
de boucher un trou
dans la rue euh qui est la leur (rires)
hein ça oui oui oui m[ais] enfin oui
non mais je dis les choses comme elles sont (rires)
de sorte que quand je vais faire des commissions
    en ville
j'emmène Françoise
et quand euh euh n[ous] voyons des gens
qui ont encore besoin de quelque chose
nous faisons semblant de regarder une vitrine
    (rires)
euh qu'il s'agisse de chemises ou de verres
ou de de vêtements
euh alors on n'ose pas quand même trop
pendant que nous sommes occupés
nous accrocher
non je plaisante un peu
vous imaginez bien mais
c'est un peu ça quand même
ah oui ah oui c'est un peu ça
dans les petites villes
mais ça a son côte sympathique quand même
alors le travail du du du député évidemment
est très différent
[il] s'agit des lois
il légifère
euh dans le cadre bon d'un système qui est ce qu'il
    est
alors moi je représente un cinquième donc de
du département euh des Côtes-du-Nord
nous sommes cinq
et effectivement euh
ce sont des sessions parlementaires
nous aurions dû . . . être en session
depuis le premier avril
je l'ai dit tout à l'heure
il n'y a rien eu parce qu'[il] y a les élections
parce qu'il y a eu les élections
l'élection présidentielle
qui a tout remis en cause

sinon tout le mois d'avril
euh j'étais toutes les semaines à Paris
peut-être pas toute la semaine
mais trois jours euh au moins
quatre ou deux
euh à Paris
chaque semaine
ensuite il y a les vacances parlementaires
trois mois
où euh Paris euh on n'y va plus
on . . . on fait le tour de son arrondissement
je vais dans les . . . cantons
dans les communes de l'arrondissement
euh voir euh
ou bien il y a des réunions euh agricoles
ou des réunions euh mm mm au sujet des chemins
euh au sujet des
enfin des problèmes divers
alors il faut visiter un peu tout
toutes ces toutes ces communes euh ou ces
ces chefs-lieux de canton
là où se posent des problèmes

— et pour changer un peu de perspective
en quoi consiste le travail du conseil municipal?
est-ce que c'est au fond une question d'équipe-
    ment?

— voilà au fond euh
euh alors l'équipement il y a à entretenir euh le
    patrimoine
les biens les propriétés de la ville de Guingamp
et et puis et puis euh pas seulement maintenir
ce qu'on appelle la maintenance
mais aussi améliorer
la piscine euh nous l'avons depuis euh une dizaine
    d'années
ben avant il n'y avait pas de piscine
euh les terrains de sport
qui sont tantôt biens de la commune
tantôt appartenant à des sociétés privées
mais que nous aidons quand même
parce qu'il faut bien que les jeunes
(fera) pratiquent le sport . . . hein

— comment est-ce que vous voyez le caractère de la
    ville?

— ah bien le caractère
tant (?) touristique
c'est une très vieille ville . . . moyenâgeuse
euh alors depuis quelques . . . dizaines d'années
oh à peine oui une quinzaine d'années
dès qu'il y a des réfections des réparations
nous disons
«attention nous voulons contrôler»
pour ne pas qu'on mette du moderne
à euh gâcher à salir euh certaines vieilles choses
que nous aimons beaucoup
et que nous voulons sauver
des des vieilles pierres
euh enfin des de vieilles maisons du moyen
    âge . . . hein
médiévales
il y a ça sur le plan touristique

et puis des pro promenades aux environs de
    Guingamp
nous voudrions faire des . . . des promenades
aménager des promenades . . . piétonnes
    même . . . hein
pour que euh le long du Trieu de la rivière
on puisse se promener
et euh dans la verdure enfin euh

— est-ce que la question du chômage
    vous concerne en tant que maire?

— le chômage

ah oui ah oui
là vraiment euh voyez
je j'assure une permanence là
euh je crois avoir fini ce m ce matin hein
j'avais de je recevais du monde là
eh bien la plupart c'est pour du travail
«est-ce que vous pouvez
vous le maire de la commune
ou le député dans l'arrondissement
me trouver du travail?»
pas de travail
pas de travail
alors euh que voulez-vous dire?

Des politiques radicalement opposées (38)

Voir pages 54–8.

«Ma langue maternelle c'est le breton» (40)

— et vous
    est-ce que vous avez connu
    le monde que décrit Pierre-Jakez Hélias
    dans son livre?

— effectivement je d'abord
    je suis beaucoup plus jeune quand même
    que Per-Jakez Hélias
    donc je n'ai pas connu cette civilisation
        traditionnelle
    avec euh . . . aussi bien conservée que lui
    mais beaucoup d'aspects de cette s société-là
    je les ai vécus
    j'ai connu la période sans électricité
    j'ai connu euh le le . . . euh l'utilisation de de la
        machine à battre
    j'ai connu toutes ces communautés humaines
    qui se s se se euh ils se sentaient solidaires
    ils travaillaient ensemble euh
    pour euh la moisson
    euh j'ai connu des tas de de choses évoquées par
        Per-Jakez Hélias

— vous avez donc grandi à la campagne?

— ah oui oui oui
    j'ai euh j'ai grandi à . . . trente kilomètres d'ici
    dans un petit village
    dans une ferme
    et donc j'ai participé à toutes les activités de la
        ferme
    jusqu'à l'âge de dix-huit ans
    et j'ai vécu très profondément
    cette vie euh villageoise

— et votre langue maternelle
    c'est le breton

est-ce que vous avez eu de la difficulté à faire votre
    carrière?

— oh ff oui
    il est évident que je ne maîtrise pas le français
    comme un . . . bourgeois
    c'est évident
    c'est évident
    ma langue maternelle c'est le breton
    jusqu'à l'âge de sept ans je ne parlais que breton
    donc mm je ne s je n'ai pas l'aisance verbale
    de quelqu'un qui aurait mm
    été éduqué en langue française
    et à qui qui aurait eu cet apport culturel
    dès le berceau
    euh ce que . . . je j'ai appris
    j'ai dû l'apprendre bien sûr
    avec en faisant . . . des efforts
    et puis n'importe comment
    je ne franchirai pas un seuil
    euh je ne serai jamais agrégé de philosophie
    alors donc euh c'est un
    on m'avait on a je me souviens de d'un professeur
    quand j'étais à l'université
    qui disait
    «vous êtes de famille rurale?
    oh n'allez pas faire de la philosophie
    vous n'arriverez jamais au bout»
    et ils avaient il avait un peu raison
    il avait un peu raison
    on ne franchit pas un seuil
    mais c'est ça hein
    c'est pas je pleure pas sur . . . sur mes origines hein
    c'est c'est comme ça
    c'est comme ça
    mais euh ff ma langue maternelle c'est le breton

et j'en fais usage et puis
j'écris en breton et
j'écris en breton
j'enseigne le breton euh
c'est tout de même pour moi
également un plaisir

— donc vous êtes très conscient
de votre identité bretonne?

— quand on a une langue qui est bretonne
quand toute la mentalité de . . . de de de sa région
est tellement différente de celle des autres régions
quand on a toute une toponymie qui sonne celtique
quand on a . . . tout un . . . euh une culture
musicale architecturale et tout ça
qui qui sonne euh breton
on ne peut pas ne pas être breton

«Vous n'êtes pas des armateurs . . .» (42)

(Emporté par le fil de ses idées, le témoin se déplace,
se penche en avant ou en arrière . . . et il touche
parfois le fil du micro.)

— vous avez parlé du problème de l'exportation des
    choux-fleurs
    quelles sont les circonstances qui ont mené à la
    création de la BAI?

— il faut remettre euh le contexte de la Bretagne à
    cette époque-là
    euh la Bretagne était en pleine ébullition
    avec des organismes d'expansion qui s'appelaient
    le CELIB la SEMAF
    euh ces associations euh réunissaient des élus des
    professionnels
    et re essayaient de réfléchir à l'avenir de la
    Bretagne moderne et
    euh les Bretons euh ont demandé que soit discuté
    un plan breton
    euh plan breton qui a vu son aboutissement
    avec euh le discours du général de Gaulle à
    Quimper en 1969
    qu'est-ce que réclamaient les Bretons?
    un système de routes
    deuxièmement euh un port sur la Grande-Bretagne
    troisièmement une euh centrale euh euh une
    centrale euh de d'énergie euh
    un port un n un nouveau port pétrolier avec une
    raffinerie
    et une centrale d'é d'énergie à Brest mais qui ne
    s'est jamais faite
    euh globalement c'étaient les revendications
    bretonnes
    en ce qui concerne le port plus particulièrement
    les paysans qui avaient proposé ce port à Roscoff
    euh ne venaient pas les mains vides
    ils proposaient de payer dix fois les droits de port
    qu'ils étaient obligés de payer au Havre
    donc il s'agissait pas d'un investissement à pure en
    pure perte
    puisqu'on connaissait le trafic de choux-fleurs
    alors au début les mm les les agriculteurs
    puisque je parle de cette partie port de Roscoff
    euh euh sont allés voir le gouvernement
    et ensuite le . . . euh le problème était
    euh la construction a été dé décidée mais qui
    viendrait?

comme eux savaient très bien que ils avaient
euh 20 ou t 25 000 tonnes à exporter
ils étaient imag ils s'imaginaient que
avec d'autres produits qui existeraient en Bretagne
euh il viendrait très rapidement de des armements
euh pour proposer euh de mm pour proposer de
    servir ce nouveau port ferry
concurremment des r liaisons étaient prises avec
    euh
des euh des des relations étaient étaient faites avec
    Plymouth
de façon que Plymouth ait aussi une passerelle
mais tous les armements venaient en disant
«OK vous avez de décembre à euh ff avril à la limite
    hein
bon ça se terminera en avril
en mai vous n'avez rien
en juin vous avez les patates
euh vous avez les pommes de terre qui se
    termineront
parce que à ce moment-là il y a le doryphore
qui arrive le premier juillet lui
ah c'était connu
donc on veut bien faire une ligne qui commence en
    janvier
jusqu'au premier juillet . . . terminé
et pendant le reste du temps vous n'avez rien»
«alors oui mais euh oui mais vous trouverez des
    choses
[il] y a un arrière-pays il y a des [il] y a des
    marchandises»
«oui mais ça prendra beaucoup de temps
et on vous demande des garanties»
les garanties étaient telles
que euh Alexis Gourvennec et ses amis et certains
    amis euh
le premier directeur de Brittany Ferries
qui s'appelait pas Brittany Ferries qui s'appelait BAI
euh qui s'appelait Jean Hénaff euh décédé
    actuellement
[et il] lui dit «mais pourquoi n'achèterions-nous pas
    un car-ferry?
j'en connais un à Vigo
qui est en construction et dont Israël ne veut pas»
et ça a été la naissance du premier . . . bateau
qui s'est appelé évidemment Kerisnel
du nom de la colline de Saint-Pol-de-Léon euh

sur laquelle est installé justement euh Alexis
    Gourvennec et et la SICA
et euh donc la le premier départ s'est fait en janvier
    1973
c'est-à-dire exactement
l'entrée de la Grande-Bretagne dans le Marché
    Commun
euh donc euh il y avait à cette époque-là
on ne parle toujours que du fret
en 1973 on était à peu près su sûr d'avoir
euh euh l'équivalent de mm euh de environ 3 000
    camions à transporter
et on parce qu'on on avait fait bon les les les
    choux-fleurs les patates
euh ce qu'on trouvait à droite et à gauche
les fraises de Plougastel
et euh on savait que le que le niveau euh
    d'équilibre breakeven
se trouvait à euh à 8 000 camions environ
et on en avait sûrs 3 000
et la première année euh donc 1973 s'est soldée
    par un trafic de 5 900 camions
mm
donc on n'était pas à 8 000
mais la deuxième année on les a faits
puisqu'on a fait 9 600 camions la deuxième année
donc théoriquement l'équilibre était obtenu
comment a-t-on pu obtenir ce cet cet cet cet
    équilibre
pas la première année mais la deuxième?
et je vous dirai ensuite pourquoi euh
euh pourquoi c'était un équilibre bien fragile qui
    nous a poussés en avant
et en particulier vers le tourisme
euh d'abord parce que en plus de des des produits à
    l'exportation
nous avons trouvé des produits à l'importation
et ça a été la chance des ports euh cornouaillais
qui ont pu ainsi exporter du poisson du maquereau
et euh la première année euh ça n'était peut-être
    que 560 camions
mais la deuxième année 800 la troisième année
    1 300
hein
[il] y avait par exemple Engie English China Clay
qui était de l'autre côté
et vous savez quelle est la valeur très faible d'une
    tonne de d'une tonne de kaolin
si elle n'avait pas pu faire un contrat
de façon à venir sur le continent à très
    bon . . . compte
elle n'aurait pas pu euh
d'abord racheter les Kaolins de Berrien qui sont ici
et donc euh s'implanter sur le continent d'une
    manière valable
[il] y a eu d'autres . . . produits que l'on a trouvés à
    l'exportation
en particulier les pommes de la vallée de la Loire et
    de la Garonne
et des fruits du sud-ouest de la France
si bien euh que l'on terminait cette première année
    1973
euh avec ces 5 900 camions

et puis ensuite euh actuellement euh on a en 1985
    euh
euh donc environ euh sur euh sur Roscoff 13 ou
    14 000 camions maintenant
bon entre-temps donc on est passé d'une
    compagnie qui avait un bateau
fret seulement
à une compagnie qui gère qui gère dix bateaux
avec à peu près un million de passagers sur la
    Manche cette année
que nous atteindrons et dépasserons le million de
    passagers
sur la Manche et sur l'Espagne enfin sur toutes nos
    lignes
et un chiffre d'affaires qui approchera donc le
    milliard de
le milliard de francs
euh qu'est-ce qui nous a poussés à arriver là?
eh bien euh la première année nos 8 000 camions
    on équilibrait
mais cette même année 1974 [= 1973?]
c'était la première année du choc pétrolier
et c'était la multiplication du de notre fuel
dans le bateau
par trois ou par quatre
et puis on disait que ça ne s'arrêterait pas
et à l'époque c'était pas euh 14 ou 17 dollars
c'était on partait de 2 ou 3 dollars
le baril
mm
alors euh donc le défi
c'était de se mettre quand même quelques années
    en avance
et puis on a vu que
on a très bien vu que
si la le bateau avec un l la la partie énergie
que l'on met dans le bateau
qui normalement était de l'ordre de 10 à 12 pour
    cent avant
qui était déjà montée à 30 pour cent
si cette partie arrivait à 40 ou 45 pour cent
de deux choses l'une
ou on avait un bateau plus grand
parce que l'énergie est moindre
mm
ou alors [il] fallait s'attaquer à un autre type de
    marché
les passagers
bateau plus grand pas question
le marché n'est pas extensible et la concurrence
    existe
toucher au marché passagers
les études de marché donnaient des résultats assez
    pessimistes
on nous disait on avait fait faire des études et
euh qui nous donnaient à peu près 50 000 euh
    passagers
après quatre ou cinq ans d'efforts
et puis euh euh on . . . on n'y croyait pas
alors alors comment est-on arrivé justement
à faire un succès de ces passagers?
euh je crois qu'on avait sous-estimé la

euh que c'est encore un réflexe centralisateur des
  Français
d'abord dans les études qui pensaient que parce
  qu'on est loin de Londres
eh bien Birmingham ou Manchester euh n'existent
  pas
ou Bristol ou euh ou Cardiff
parce que euh [il] y a autant de monde dans l'ouest
que dans le que dans l'est euh en Grande-Bretagne
et ils ne voyaient pas tout à fait le marché comme ça
euh et finalement euh aussi [il] y a eu les
  infrastructures anglaises
qui elles-mêmes se sont améliorées
les autoroutes euh
M euh M4 M5 qui se sont terminées
qui ont finalement abouti à Plymouth
et là euh on a eu rapidement un développement
  important
du euh je [vais] vous laisser le document
euh le développement des visites des Britanniques à
  l'étranger
depuis 1972 jusqu'en 1983
à l'étranger toutes destinations confondues

est passé de 9 à 21 millions de personnes
en France de 1,5 à 5 donc une multiplication
par euh 4 euh euh . . . non euh par euh par 3 et par
  3½
et si on regarde les nuitées
source euh enquête nationale aux frontières
  françaises de 1976 et 83
euh entre en sept ans
les nuitées les nuits passées en France des
  Britanniques
sont passées de ont doublé
mais elles ont baissé à à Paris
elles ont augmenté elles ont doublé sur la façade
  méditerranéenne
mais sur la façade atlantique
ça a été multiplié presque par 4
et nous ne sommes pas étrangers à ceci
hein
même quand on n'a pas pu les transporter
parce que la promotion nous l'avons faite quand
  même
même quand ce ce sont des des concurrents
qui euh qui ont transporté ces gens-là

A. Une expansion soutenue (42)

— est-ce qu'on pourrait parler un peu de l'expansion
    de Brittany Ferries?
  par exemple du transport de passagers

— la première année
  euh on bon on nous avait dit que 50 000 au bout de
    plusieurs années
  eh bien la première année
  nous avons transporté 80 000
  passagers c'était en 1974 80 000
  deux ans après en 76 on faisait 260 000 passagers
  et on intégrait la ligne de Saint-Malo
  euh en 78 deux ans après c'était 526 000 passagers
  quatre ans après en 82 735 000 passagers
  et un million euh donc en 86

— passagers et voitures?

— non les passagers
  si je prends les voitures séparément

euh les voitures elles étaient 25 000 la première
  année
deux ans après 42 000
en s deux ans après encore 103 000
et euh 147 000 en 82
et nous allons atteindre 200 000 voitures cette
  année
en gros cinq voitures pour euh euh cinq passagers
  pour une voiture
les camions passaient de 5 900 la première année
en 82 à 24 000
et nous venons de racheter la Truckline
donc une autre compagnie sur la Manche aussi
qui elle toute seule fait 60 000 camions
auxquels s'ajoutent les 30 000 auxquels on est arrivé
nous allons approcher de 100 000 camions
  transportés

A. Le plus grand hôtel de l'Ouest

— vous avez comparé la compagnie à un hôtel
  qu'est-ce que vous voulez dire au juste?

— celui qui parle de Brittany Ferries ne se rend peut-
    être pas compte
  mes chiffres sont anciens enfin
  et ils devraient être augmentés de 30 pour cent
    probablement
  que nous sommes un hôtel de 632 chambres avec
    2 000 lits

avec euh 14 ou 1 500 places de restaurants
et que chaque jour nous avons euh pas loin de 200
  personnes
qui sont au service de 30 000 [= 3 000] clients
c'est c'est assez énorme
que chan chaque jour nous changeons 4 000 draps
  ou 2 000 oreillers
euh c'est c'est c'est c'est euh c'est c'est très c'est
  assez impressionnant

B. Les étapes d'une construction (42)

— parlons maintenant des étapes du développement
    de la compagnie
  le Kerisnel a fait son premier voyage en janvier
    1973 n'est-ce pas?
  quelles sont les autres dates importantes?

— donc les dates
  vous êtes vous avez les principales les étapes ici
  Plymouth–Roscoff en 1972 non 73
  la création de la société un an avant évidemment
  bon ensuite euh Portsmouth–Saint-Malo qui a été
    créée en 1976
  avec l'acquisition d'un nouveau navire
    l'Armorique
  et entre-temps pour la ligne de Roscoff
  en 77 plutôt là quasiment en même temps
  nous acquis quis nous avions acquis
  un nouveau bateau qui s'appelle le Cornouailles
  sur euh mm euh sur la ligne de Roscoff–Plymouth
  78 est une année importante aussi
  parce qu'elle correspond à la au lancement de
    deux nouvelles lignes
  saisonnières en 78 puis annuelles ensuite
  une de Roscoff à Cork en Irlande
  et l'autre de Plymouth à Santander en Espagne
  qui est l'une des plus longues lignes de car-ferry
    d'Europe
  vingt-quatre heures
  donc 78 est une année importante deux nouvelles
    lignes

je résume
Roscoff–Plymouth Saint-Malo–Portsmouth
Roscoff–Cork Plymouth–Santander
puis en 1985
une participation dans une société qui s'appelle
  Channel Island Ferries
dont nous possédons euh le tiers
euh

— et cette ligne part d'où?

— euh Portsmouth – euh Guernsey/Jersey mm
    Channel Island Ferries
  et en 1985 et en 1986
  euh le rachat de Truckline donc Cherbourg–Poole
    qui garde son nom
  euh mais où nous avons mis
  euh où nous mettons d'une façon saisonnière du
    passager
  et le lancement d'un bateau jumbo de 1 800
    passagers mil huit cents
  sur Portsmouth et nous avons
  sur Portsmouth–Ouistreham c'est-à-dire Caen
  et nous avons réalisé le . . . le tour de force je crois
  de lancer cette ligne sans que ça coûte un passager
  je serais tenté de dire
  enfin on le saura à la fin de l'exercice
  mais pour l'instant ça ne nous a pas coûté un
    passager
  sur nos lignes nos lignes bretonnes

Les bûchers brûlent (44)

France-Inter, 6 décembre 1984

Bhopal, en Inde, 2 500 morts au moins et des milliers de brûlés par le gaz qui s'est échappé d'une usine de pesticides. Les bûchers brûlent nuit et jour et, dans les hôpitaux surchargés, plusieurs milliers de personnes sont encore entre la vie et la mort. Des centaines de victimes pourraient rester aveugles et, depuis la catastrophe, huit femmes enceintes ont donné naissance à des enfants morts-nés.

Des équipes de scientifiques cherchent encore à déterminer la quantité de poison qui reste dans l'environnement, mais un grand nombre de volontaires, chargés de retrouver les corps dans les bidonvilles proches de l'usine, ont abandonné, les yeux enflammés et les poumons douloureux. Le haut de la ville a été déclaré vivable, mais personne ne sait encore quel sera l'impact de la catastrophe sur les prochaines récoltes de la région. Les autorités du Madhya-Pradesh ont déjà laissé entendre qu'ils envisageaient de poursuivre en justice la multinationale Union Carbide pour crime de négligence. Au total, l'opinion indienne, il faut bien le dire, a reçu l'impression que leur pays est devenu le dépotoir des usines dangereuses dont les pays riches ne veulent plus. L'enquête, qui prendra des mois, devra répondre à cette interrogation.

Europe 1, 7 décembre 1984

La police indienne vient d'arrêter, à son arrivée à Bhopal, le président directeur général de la société américaine Union Carbide. Les deux dirigeants indiens de l'usine ont eux aussi été arrêtés en même temps que cinq autres responsables d'Union Carbide. La Société reconnaît ne pas avoir installé de système de sécurité comme il en existe aux Etats-Unis. En outre, l'*Hérald Tribune* a déclaré hier matin que les 2 000 morts auraient peut-être pu être évitées si l'alerte avait été donnée plus tôt. Mais deux techniciens de l'usine ont pris la fuite dès l'accident; un nuage de gaz de 25 km^2 s'est dégagé et l'alerte n'a été donnée que 2 heures après.

Les habitants de la région n'avaient d'ailleurs aucune consigne en cas d'alerte. Bien plus, il y avait déjà eu des accidents à Bhopal. Le 25 décembre 1981, un ouvrier est tué par une échappée de gaz. 15 jours plus tard, une autre fuite: 24 personnes sont intoxiquées. Un responsable américain d'Union Carbide fait un rapport; il est sans effet. Le 5 octobre 1982, 4 ouvriers sont intoxiqués. Dans les villages à l'entour, des habitants sont pris de nausée et quittent pour quelques jours leurs maisons. 1983 enfin, deux techniciens travaillant dans l'usine sont sérieusement brûlés. Un parlementaire de l'Etat demande que la sécurité de l'usine soit inscrite à l'ordre du jour de l'assemblée locale. Réponse du porte-parole de Madhya-Pradesh: «Il n'y a pas de danger à Bhopal et il n'y en aura pas.»

Laissons-les vivre! (47)

pourquoi protéger des espèces animales ou végétales
mais [il] y a d [en]fin
[il] y a différentes catégories d'arguments
euh il y a des je dirais des des arguments scientifiques
le les euh espèces animales ou végétales sauvages
sont des ressources naturelles
dont peut bénéficier l'espèce humaine
à long terme
quand on regarde par rapport à l'ensemble du
    patrimoine naturel
qui existe sur le monde
[il] y a très peu d'espèces de domestiquées et cultivées
et pour les utiliser
pour les améliorer
pour quelquefois lutter contre les maladies
on est obligé d'utiliser les espèces sauvages
de d'avoir recours aux espèces sauvages
bien [entendu] il faut les garder parce que
si on les a supprimées
on n'a plus cette voie de sortie
ça s'est passé aux Etats-Unis euh
[il] y a eu une maladie
[il] y a quelques années sur le maïs
où pratiquement l'ensemble des des cultures de maïs
ont failli disparaître
parce que [il] y a une maladie qui s'était mis (sic)
    dessus
et pour pouvoir lutter contre cette maladie
il a fallu trouver des souches sauvages
qui avaient gardé des gènes de résistance
et réhybrider rapidement
pour permettre de lutter
donc je dirais du du simple point de vue euh
économique à long terme
le maintien d'un patrimoine euh sauvage
est une nécessité
euh pour l'homme
deuxième type euh d'argument
le le rapport de l'homme avec la nature sauvage
qu'il s'agisse des des des des plantes ou des animaux
il y a toute n
toute une euh je dirais euh un entourage
psychologique de l'homme

il suffit de voir
plus les citadins deviennent nombreux
plus il y a une recherche
d'avoir des animaux de compagnie
d'a de de trouver des formes de vie sauvage
euh voir euh les la recherche de parcs de vision
en France dans les vingt dernières années
le nombre de zoos qui se sont créés
en en essayant de présenter les animaux
dans leur euh je dirais dans dans leur environnement
    naturel
ça correspond à quelque chose
il est donc euh à notre sens important de garder
des portions de territoire
qui continuent d'évoluer de manière sauvage
en y réservant
je dirais une certaine partie à la visite
de façon à ce que le le citoyen
puisse avoir accès
et c'est un peu le
je dirais le rôle des parcs nationaux
et des réserves naturelles
et puis aussi
une une des catégories d'arguments
je dirais d'ordre éthique
on ne voit pas pourquoi l'espèce humaine
s'arrogerait le droit
de vie et de mort
sur le ce qui l'entoure
ce qui est souvent le cas
parce que effectivement l'espèce humaine
a la possibilité technique
d'anéantir des espèces aujourd'hui
et elle le f et elle le fait
donc si vous voulez
euh voilà les les les les
des différents types d'arguments
qu'on peut avancer pour dire
il faut contenir euh continuer à garder
un patrimoine euh naturel sauvage euh
même dans les pays euh euh de
je dirais fortement industrialisés comme le nôtre

«Sauvons nos ours» (47)

bon en France nous avons actuellement un
un problème de . . . sauvegarde d'une espèce tout à
    fait prestigieuse
qui est le problème de la sauvegarde de l'ours brun
car nous avons la chance
d'avoir encore une petite population d'ours bruns
    dans les Pyrénées
euh il y en avait dans les Alpes jusqu'aux années
    1937
le dernier a été observé dans le Vercors
euh il se la les les populations avaient décliné au
    début du siècle
par essentiellement sous l'effet de la chasse
et à l'époque en 1937
[il] y avait une forte population d'ours dans les
    Pyrénées
environ 200
et ça a tombé (sic) a quinze vingt actuellement
pour des raisons très diverses
braconnage . . . euh empoisonnement par les bergers
lorsque les ours perturbaient les troupeaux de brebis
dans les secteurs où il y avait cohabitation
et puis surtout maintenant
[il] y a un problème d'exploitation forestière
en effet les données économiques ont changé
et jusqu'à une période relativement récente
de très nombreuses forêts pyrénéennes
étaient peu ou pratiquement pas exploitées
étaient donc des zones de refuge
pour cette espèce magnifique qui est l'ours brun
qui euh bon je dirais euh subsistait
or depuis euh quelque temps
euh les communes propriétaires de ces forêts
souhaitent les les les vendre
vendent les coupes
et les techniques d'exploitation maintenant
sont beaucoup plus brutales que ce qu'elles étaient
    avant
euh c'est euh la création de pistes par euh par s
euh de pistes forestières au bulldozer
qui défigurent complètement de certains flancs de
    vallée
euh ce sont des coupes massives
euh qui évidemment dans des secteurs
euh qui étaient des zones de refuge pour un animal
    qui est très farouche

qui craint beaucoup l'homme
euh sont très préjudiciables à sa survie
l'espèce est protégée depuis les années 60
heureusement parce que déjà
[il] y a quand même du braconnage
euh [il] y a deux ans [il] y a eu une femelle qui a été
    tuée avec son ourson par des braconniers
au moment d'une euh euh d'une battue au sanglier
et ça justement on essaie aussi de limiter
les actes de chasse dans les secteurs où [il] y a encore
    de l'ours
parce que bien entendu c'est un
ça peut être un facteur
et d'autant plus grave qu'[il] y a peu d'individus
et ce que nous essayons actuellement
[il] y a eu d'ailleurs le gouvernement a lancé un Plan
    Ours cette année
c'est d'indemniser les communes où il y a encore de
    l'ours dans les zones forestières
de façon à ce qu '[il] y ait des modes d'exploitation
    différents
euh non-création de pistes forestières
et par exemple débardage
c'est-à-dire descente des bois par hélicoptère
ou dans les zones de tanière
c'est-à-dire là où se reproduit l'ours
qu'il n'y ait même d pas du tout d'exploitation
et euh nous espérons que avec ces méthodes
euh je dirais on pourra
reconstituer le le cheptel ours des Pyrénées
voir les effectifs remonter
car même s'il n'y a p(l)eu d'individus
tout espoir n'est pas perdu
chaque année [il] y a encore des reproductions
donc c'est je dirais un un un signe de bonne santé des
    quelques ours qui restent
donc ça c'est un une de nos grosses préoccupations
    actuellement
euh l'ours c'est quand même un animal euh
    spectaculaire
et ça serait quand même dommage
on dit euh nous disons que l'ours est un peu le Mont
    Saint-Michel de la faune
ça ç'a la même valeur si vous voulez
il faut faire tout ce qu'on peut
pour le pour le sauvegarder

La piste de Terre Adélie (47)

vous savez que l'Antarctique
par le traité de l'Antarctique
qui liait qui lie les différentes part euh pays qui sont
   signataires
n'appartient à personne
c'est un terrrain commun à l'ensemble de l'humanité
et dans le secteur français euh Terre Adélie
en effet dans l'archipel de Pointe Géologie
c'est la seule colonie de manchots empereurs
[il] y en a 26 dans l'ensemble du continent
   antarctique
qui est à proximité d'une station de recherche
ce qui fait qu'actuellement tout ce que l'on connaît
sur la biologie de cette espèce
qui est un animal fabuleux
quand on pense qu'il pond
en plein hiver
qu'il peut rester quatre mois sans manger
ce qui du point de vue métabolisme est quelque
   chose de d'extravagant
donc dans ce secteur il y avait jusqu'à une période
   relativement récente
essentiellement une petite station biologique
qui étudiait le manchot empereur
et aussi d'autres espèces d'oiseaux
[il] y en a huit
nicheuses dans ce secteur
que l'Antarctique c'est un petit peu comme le Sahara
mais c'est un désert glacé au lieu d'être un désert de
   sable
et il y a quelques points
qui sont des oasis
et justement cet archipel de Pointe Géologie
était un de ces oasis
euh donc particulièrement exceptionnel pour la
   France
c'était le seul pour le territoire français
le seul pour l'étude sur l'ensemble de l'Antarctique
du manchot empereur
et euh dans les années 70
la base principale en hiver a brûlé
et ensuite
on n'a pas reconstruit la première base
Port-Martin
et on a commencé à agrandir euh Dumont d'Urville
pour d'autres recherches
qui se mènent dans l'Antarctique
des recherches en glaciologie en géophysique en
   astrophysique en climatologie
et le grand développement actuellement de ces
   recherches de climatologie astrophysique etc

demande à ce qu'il y ait des liaisons
plus faciles avec euh l'Antarctique
que les liaisons qui actuellement se faisaient
essentiellement par bateau
et la France
la la l'administration qui est chargée de la gestion de
   la Terre Adélie
ce sont les Terres Australes et Antarctiques françaises
a imaginé un projet de création d'une piste
sur cet archipel de Pointe Géologie
qui permettrait des liaisons beaucoup plus faciles
plus développées dans l'année que ça n'est
   actuellement uniquement par bateau
et euh ce qu'on a ce qu'ont imaginé ces
   administrations
c'est d'araser un certain nombre d'îlots
de construire la piste dessus
et ça [a] un gros inconvénient c'est que ça bloque
l'accès de cette colonie de manchots empereurs
à la mer
alors vous savez que les les manchots
pour se nourrir vont en mer
reviennent etc
c'est une colonie qui a des fluctuations de population
et qui tend actuellement à diminuer
il y a un risque majeur de la voir disparaître
   complètement
euh si on entame ces travaux
et actuellement c'est le grand débat
euh qui a lieu en France
euh vis-à-vis des pouvoirs publics euh
qui euh ne savent pas très bien comment trancher
euh et nous biologistes nous disons
nous avons des responsabilités comme gestionnaires
   du patrimoine naturel
et euh nous estimons qu'il faut trouver une autre
   solution
parce qu'[il] y a d'autres solutions
[il] y a les solutions d'installer une base
plus à l'intérieur du continent
sur la neige
euh alors évidemment ça ça coûterait peut-être plus
   cher
euh parce que
c'est une base si vous voulez qu'on est obli
la la piste on est obligé de la
de de la rééquiper de l'entetenir chaque année
et nous disons de toute façon
euh si vous installez une base aérienne
vous allez entraîner la destruction
de l'ensemble biologique de de Pointe Géologie

«La Quatrième République elle n'a pas de chance» (48)

– en 1945
à la fin de la Seconde guerre mondiale
la France a le beau rôle
elle s'en est sortie victorieuse
mais quelle est exactement la situation de la
    France en 1945?

– eh bien euh la situation de la France
ne coïncide pas exactement avec les apparences
c'est vrai que la France apparemment
a obtenu les honneurs de la gloire
ce qui est déjà en soi miraculeux
mais quelque part les Français le savent
même s'ils enfoncent la réalité
dans leur inconscient
quand je dis «c'est miraculeux»
c'est parce que
si nous faisons rapidement un bilan des
    événements de '40
c'est-à-dire de 1940 à 1945
date de la fin de la guerre
    on retrouve en1945 la France
avec le général Delattre de Tassigny
parmi les trois Grands
c'est-à-dire les Alliés la Grande-Bretagne les Etats-
    Unis et l'URSS
et tous trois avec la France
signent la reddition des troupes nazies
un général allemand aurait dit
«comment mais les Français aussi?»
oui les Français sont encore là en 1945
et pourtant en 1940
il faut se rappeler
les «Panzers» de Rommel s'enfonçaient dans
    l'armée française et sur le sol français
à 240 km de pénétration par jour
une armée qui s'était décomposée
un pays qui pleurait avec le maréchal Pétain
en fait une France totalement occupée
la flotte sabordée
une poignée de Français à Londres la France Libre
des Résistants sans doute
mais dont le nombre n'a pas été aussi important
    qu'on l'a dit
qu'on l'a cru ou qu'on l'aurait voulu
voilà la situation en 1945
et nous sommes l'un des Grands
nous avons un siège au Conseil de Sécurité de la
    toute nouvelle Organisation des Nations Unies
bref la France dispose des honneurs de la gloire

– sans oublier pourtant la défaite de 1940 et
    l'Occupation nazie
les honneurs de la gloire ne correspondent donc
    pas à la réalité?

– oui il faut pas se leurrer
la France en 1945 c'est plus la grande France
elle n'est plus la grande France parce que

déjà dans son ex-Empire colonial
commencent à naître des problèmes
en 1945 c'est dans la région de Constantine
en Algérie
une première manifestation des désirs
    d'indépendance
ou en tout cas de protestation
des Algériens
ce sera bientôt suivi en Indochine
on assistera aux premiers mouvements
autour de Hô Chi Minh
et du Viêt-minh
qui s'appellera plus tard le Vietcong
donc il y a déjà là les premiers éléments
qui annoncent la désagrégation d'un empire

– la France impériale est donc menacée?

– oui
et cela les Français le sentent
même s'il y a ce masque d'inconscience
ensuite
il y a le fait que la France est un pays exsangue
non seulement détruit par les bombardements
mais aussi épuisé économiquement
quand je dis «épuisé économiquement»
c'est que les armées d'occupation ont puisé
    pompé dans la réalité
dans la richesse française
en faisant payer tous les frais d'occupation
par la France
on importait de France le blé
enfin l'agriculture
les ressources agricoles
les machines
et donc on assiste en France à un véritable
    épuisement économique
donc
la Quatrième République
c'est-à-dire la République d'après-guerre
elle n'a pas été gâtée
elle n'a pas de chance
car en fait elle s'installe dans un pays qui est
    ruiné
elle hérite de la guerre
des ruines de tous ordres
ruines matérielles
ruines morales
également les problèmes d'épuration
la division qui résulte de l'armistice et du régime
    de Vichy
il faut donc reconstruire un pays
qui est un pays ruiné
et avec peu de moyens et peu de leviers.

– et sur le plan international
mondial
quelle est la situation de la France après la guerre?

— eh bien
    la France se trouve très vite prise dans l'engrenage
    d'une situation internationale
    qui devient conflictuelle
    c'est-à-dire que dès 1947
    la Guerre Froide divise les Alliés
    et passe au travers du corps de l'Europe
    la France se trouve du côté occidental
    mais la Guerre Froide la traverse
    puisque le Parti Communiste va s'aligner sur le
        bloc soviétique
    si bien que ce grand conflit mondial
    passe au travers de la vie politique française
    enfin
    il faut se rappeler
    que dès 1946 la Quatrième République se trouve
        aux prises
    avec le problème de la décolonisation
    et avec les guerres qui en résultent
    l'Indochine d'abord
    l'Algérie
    accessoirement la Tunisie et le Maroc
    et se profile déjà le problème de l'Afrique Noire
    la France présente donc
    et la Quatrième République
    cette originalité
    car on ne retrouve nulle part en Europe à cette
        période-là cette situation
    c'est-à-dire qu'elle est le théâtre
    où s'entrecroisent
    les deux grands conflits du monde
    le monde est alors divisé par deux conflits
    le conflit Est-Ouest
    et le conflit qu'on n'appelle pas encore Nord-Sud
    mais entre les anciennes métropoles
    et les colonies qui aspirent à devenir des états
        indépendants
    or
    pour la France
    ce sont deux problèmes d'ordre intérieur
    puisque d'une part
    le premier oppose le Parti Communiste
    à toutes les autres forces majeures politiques
    et que le second divise le pays
    à l'intérieur même
    sur la légitimité
    l'opportunité de la guerre
    et le règlement du problème colonial

— les problèmes que connaît la France
    sont différents
    de ceux des autres pays d'Europe?

— eh bien
    si nous comparons le cas de la France avec ses
        voisins
    tout d'abord l'Allemagne en '46 n'existe pas
        comme puissance politique

    il n'y a donc pas de problème
    mais si nous prenons le cas de l'Italie
    et celui de l'Angleterre
    d'une part
    l'Italie présente
    avec la France
    cette ressemblance d'avoir un Parti Communiste
        puissant
    qui souvent met en difficulté
    le gouvernement de la Démocratie Chrétienne
    mais l'Italie n'a pas de colonies
    par conséquent
    elle n'est divisée que par l'un des deux conflits
    quant à la Grande Bretagne
    elle aussi elle a des conflits coloniaux hein?
    elle va soutenir des guerres en Malaisie
    au Kenya
    notamment contre les Mau-Mau
    mais elle n'a pas de Parti Communiste

— les gouvernements de la IVe République
    sont donc affaiblis
    par des conflits d'ordre international?

— ils ont affaire aussi
    à deux Oppositions
    car on vient d'évoquer la première
    qui est celle constituée
    à partir du 5 mai 1947
    par le Parti Communiste qui n'en sortira point
    mais il y a une autre Opposition
    qui se forme au même moment
    qui est celle amenée par le général de Gaulle
    qui d'ailleurs disparaîtra avant la fin
    à partir de 1953
    il n'y a plus à compter avec elle
    mais dans les années les plus difficiles
    c'est-à-dire les années de la reconstruction
    celles où la Guerre Froide atteint son paroxysme
    et au même moment
    la Guerre d'Indochine
    les gouvernements de la troisième force
    doivent faire face simultanément
    à deux Oppositions
    que tout sépare entre elles
    qui additionnent leurs forces
    et qui conjuguent leurs coups contre les
        gouvernements
    et il n'est pas douteux
    que la conjonction de ces deux Oppositions
    mette en difficulté les gouvernements
    restreigne les majorités
    et affaiblisse le régime dans l'esprit des Français
    car à cette époque-là
    il n'y a pas loin de la moitié des Français
    qui considèrent que leur régime
    n'est pas légitime

La Nouvelle Calédonie en ébullition (49)

France-Inter, 8h

Affrontement sanglant au Nord-Est de Nouvelle Calédonie: neuf morts, cinq blessés graves, tous Mélanésiens. Une fusillade a opposé des Caldoches à des Canaques. Les représentants du Front de Libération Nationale affirment que cet affrontement ne remet pas en cause leur décision de lever tous les barrages pour permettre l'ouverture de négociations.

Le drame que chacun redoutait depuis deux semaines a eu lieu. Un affrontement entre Caldoches et Canaques a fait neuf morts et cinq blessés en Nouvelle Calédonie la nuit dernière. L'affrontement a eu lieu au Nord-Est de l'île, près du village de Thio, dans la vallée de Hienghène. Les cinq blessés sont très gravement atteints; les neuf morts sont tous Mélanésiens. Parmi les tués se trouveraient trois frères de M. Jean-Marie Tjibaou, le président du government provisoire du Front de Libération Nationale Canaque. Toutes les victimes ont été atteintes par des balles et des décharges de chevrotine. L'une d'entre elles au moins a été retrouvée brûlée au volant d'une voiture. Ce matin, chaque communauté se rejette mutuellement la responsabilité du drame. Nous rejoignons tout de suite sur place notre envoyé spécial, Philippe Relletien, qui nous donne les deux versions des faits:

«Plusieurs versions du drame nous ont été proposées sans possibilité de les vérifier, parce que les barrages demeurent dans la région. On dit aussi que la consigne aurait été donnée par le Front Canaque, le FNLKS, de tirer sur les Blancs. Selon le FNLKS à Nouméa, vers 20h 30 un convoi de trois voitures quitte le Centre culturel de Hienghène avec une dizaine d'indépendantistes à leur bord. Ceux-ci avaient reçu l'ordre de calmer le jeu.

«Ils remontent la rive gauche de la Hienghène. A la hauteur de la propriété d'un Européen, les voitures butent sur un barrage et, depuis la maison voisine, quelqu'un ouvre le feu sur les Canaques, entraînant une fusillade. Le fermier caldoche ferait partie des blessés. La légitime défense est invoquée par les Européens.

«Selon la gendarmerie de Hienghène, rejointe très tôt ce matin au téléphone, une propriété, celle des Garnier, venait d'être incendiée par les indépendantistes. Mais, selon le FNLKS, la ferme des Garnier a été incendiée *après* la fusillade, en représailles.

«Pour ajouter à la confusion, une voiture appartenant à des Canaques, qui transportait des jerricans d'essence, aurait percuté un arbre très tôt ce matin dans la région; on aurait trouvé au moins trois cadavres calcinés à l'intérieur. Après l'explosion, la population européenne, croyant à une nouvelle embuscade, s'est réfugiée par dizaines à la gendarmerie de Hienghène.

«Un chef canaque aurait déclaré que la colère est telle devant le sang versé qu'il est impossible de régler les choses par la coutume. Des journalistes sont actuellement bloqués à 30 km du lieu du drame.»

L'affrontement entre les indépendantistes canaques et les Européens vient jeter la confusion en Nouvelle Calédonie à un moment où la situation semblait plutôt devoir se normaliser. Et, un peu avant la fusillade, le FNLKS a annoncé la levée de tous les barrages établis par les militants du Front depuis deux semaines. Le ministre des Finances du gouvernement provisoire a annoncé que cette décision faisait suite à la libération de quinze prisonniers canaques par les autorités, quinze prisonniers considérés par le Front comme des prisonniers politiques. Apparemment, deux hommes, auxquels on reproche des délits plus graves, restent en prison.

La tuerie de Thio intervient quelques heures après l'intervention solennelle d'Edgard Pisani à la radio et à la télévision calédoniennes. Le haut commissaire français a lancé un appel au rétablissement de l'ordre. Selon lui, c'est la condition indispensable pour que des négociations s'amorcent entre les deux communautés. M. Pisani a fixé un calendrier précis. Mais il est bien difficile de dire, depuis les événements tragiques de la nuit dernière, si ce calendrier pourra être respecté.

Nous envoyés spéciaux, Philippe Relletien et Jean-Louis Vinay, ont rencontré tout à l'heure M. Yeiwene, qui aurait affirmé que les événements de la nuit dernière n'auraient pas de conséquences sur la levée des barrages. Voici ce qu'a dit M. Yeiwene:

«Les événements, donc, qui se sont passés cette nuit n'auront pas de revirement par rapport à la position qui a été prise par le président Tjibaou. Il nous a dit qu'il a pris un engagement et que cet engagement doit être tenu. Tous les barrages doivent être levés d'ici 18h, je pense, ou au plus tard 20h. L'ensemble donc des actions engagées, les barrages, l'occupation des mairies et des gendarmeries, seront levés. C'est vrai aussi pour le village de Thio, encerclé. J'ai été chargé par le président Tjibaou de m'en assurer. J'ai envoyé sur place un responsable du FNLKS. Donc il est parti il y a quelques instants pour faire en sorte que la décision de Jean-Marie Tjibaou soit respectée. Tout doit être levé.»

En marge des événements de Nouvelle Calédonie, notre confrère *Le Monde* a publié hier un texte signé par 78 scientifiques, anthropologues pour la plupart, qui s'élèvent contre la façon scandaleuse dont le peuple canaque est présenté dans de nombreux médias. Les signataires du texte, qui appartiennent au musée de l'Homme, de l'Histoire Naturelle et au Collège de France, rappellent que les Canaques font partie d'une civilisation ancienne installée dans le Pacifique depuis 3 000 ans, connue pour la complexité et pour la diversité de ses systèmes sociaux et pour l'élaboration raffinée de ses systèmes politiques. Les 78 chercheurs ajoutent:

«Certains aimeraient bien faire croire que les Mélanésiens sont par nature réfractaires au progrès. En fait, depuis 131 ans, un processus de colonialisation qui s'éternise les marginalise et les exclut.»

«Ce que la France fait là-bas» (50)

Malgré les cocotiers et les eaux turquoises du lagon, malgré les installations sportives, Mururoa n'a rien d'un club de vacances. L'atoll s'étend sur 65 km: il tient à la fois du laboratoire, de l'usine et du chantier de travaux publics. De part et d'autre de la «base vie», où réside le personnel, des hangars, des ateliers, d'étranges structures métalliques; au milieu du lagon, une plate-forme de forage baptisée «Tila»...
Dans ce décor, plus de 3 000 hommes – et une vingtaine de femmes seulement – s'activent en permanence. Les deux tiers sont des militaires, les autres (dont les femmes) des chercheurs ou techniciens civils du Commissariat à l'Energie Atomique (CEA). Soixante heures de travail par semaine. Peu de loisirs: sports et cinéma, quelques jours de vacances à Tahiti chaque mois. Une vie réglée comme au couvent: ceux qui font la «bombe» ne sont pas là pour s'amuser! En compensation, les civils, volontaires pour un an, touchent en frais de mission une petite fortune, et les militaires voient leur solde augmenter de 70%. Le travail a bien changé depuis ce jour de 1966 où le général de Gaulle, assistant de la passerelle du croiseur «de Grasse» à l'une des premières explosions, commentait: «Messieurs, je suis fier!» A l'époque, il fallait, à chaque campagne de tirs dans l'atmosphère, évacuer l'atoll et embarquer sur des navires de guerre les savants et les appareils d'observation. On devait parfois attendre plusieurs jours de bonnes conditions météo avant que la bombe, suspendue à un ballon, soit explosée. En raison des risques de retombées radioactives, la navigation était prohibée sur une très vaste zone.
Dans les pays riverains du Pacifique-Sud, l'apparition périodique de champignons atomiques dans le ciel de Mururoa suscite vite l'inquiétude, puis de véritables campagnes de protestation orchestrées par les gouvernements de Nouvelle-Zélande et d'Australie. Peu à peu le ton monte. Le Pérou et le Chili dénoncent les essais français. La France est mise en accusation aux Nations Unies, poursuivie par les Australiens et les Néo-Zélandais devant la Cour internationale de justice de La Haye, dont elle refuse de reconnaître la compétence en la matière.
C'est en juillet 1973 que la contestation atteint son apogée. Au large de Mururoa, la Marine nationale française arrête un navire, le «Fri», à bord duquel se trouvent plusieurs personnalités anti-nucléaires: le pacifiste Jean-Marie Muller, l'écologiste Brice Lalonde, l'abbé Jean Toulat, le général Jacques Paris de Bollardière. D'autres navires ont eu, cette année-là, des difficultés avec la Marine française. Parmi eux le voilier «Greenpeace III» dont le skipper est l'actuel patron de l'organisation du même nom: le Canadien David McTaggart.
En apparence, le pouvoir ne vacille pas dans sa détermination. Cependant, les pressions internationales ont sans doute accéléré l'abandon par la France des essais dans l'atmosphère. A partir de

1975, tous les tirs deviennent souterrains.
Aujourd'hui, donc, plus besoin d'évacuer le site au moment du tir. Juste quelques précautions à prendre. La technique. Il s'agit en premier lieu d'atteindre, sous le corail, le socle volcanique dont l'absence de porosité empêchera toute fuite radio-active. A cette fin, un puits de 2 mètres de diamètre est creusé jusqu'à une profondeur de 600 à 1 200 mètres.
Puis, on glisse jusqu'au fond un cylindre d'acier contenant en bas la charge nucléaire et au-dessus, protégés par un épais blindage, les appareils de mesure nécessaires à l'expérience. Il est vrai que tout ce matériel sera détruit, mais une fraction infinitésimale de seconde aura suffi pour transmettre au sol des milliers d'informations. En effet, les chercheurs français sont très fiers d'avoir perfectionné ces appareils ultra-sensibles, ultra-rapides.
Une fois le puits comblé, par une alternance de corail et de béton, le tir peut être déclenché. Instantanément, l'explosion creuse une cavité sphérique de quelques dizaines de mètres de diamètre. D'emblée, 80% de la radioactivité est «piégée» dans les roches vitrifiées par l'énorme chaleur, tandis que le reste sera étouffé sous les éboulis provenant de la voûte effondrée lors du refroidissement des gaz. De proche en proche, une cheminée se forme sur une centaine de mètres au-dessus de la cavité. Par la suite, on creusera un deuxième puits afin de prélever des produits de fission.
Dans un premier temps, tous ces forages se faisaient à partir de la partie émergée de l'atoll. Mais depuis 1981 les forages se font de plus en plus sous l'eau du lagon. D'où la présence de la plate-forme de forage «Tila». Malgré tout, le rythme des essais s'est ralenti à Mururoa. Deux raisons à cela; d'une part les soucis budgétaires de l'Etat; d'autre part, les progrès de la simulation par ordinateur. Curieusement, on insiste plus, au ministère de la Défense, sur les avantages scientifiques que sur leurs objectifs militaires: le perfectionnement de la bombe et sa miniaturisation. «Une explosion, dit-on, est une expérience de physique fondamentale. Grâce à Mururoa, la France est au premier rang dans le domaine de la physique nucléaire.» On conclut que toute l'électronique française est tirée par le Commissariat à l'Energie Atomique.
Deux missions scientifiques indépendantes ont étudié sur place les risques de contamination. L'une en 1982 dirigée par un Français Haroun Tazieff; l'autre formée l'année suivante de chercheurs de plusieurs pays du Pacifique-Sud et conduite par le professeur Atkinson du laboratoire néo-zélandais de Christchurch. Toutes deux ont conclu à un risque à peu près nul; il y a à Mururoa moins de radioactivité qu'à Paris.
Deux problèmes ne sont pas résolus pour autant. D'abord, le droit de la France à rester dans le Pacifique. «Pourquoi les écologistes ne manifestent-ils que contre les essais français, alors que les Américains

poursuivent les leurs dans le Névada, à 120 km de Las Vegas, proteste le général le Buis. En réalité, personne ne veut que nous soyons là. »

«Ce que la France fait là-bas est abominable, répond sur le même ton le général de Bollardière. Au nom de quoi la France peut-elle se vanter de sa présence et tout se permettre, y compris la destruction de sociétés locales?»

Le second problème c'est le choix même par notre pays de la politique de dissuasion nucléaire. «Option absurde, selon de Bollardière. Si l'on veut maintenir l'équilibre de la terreur, on ne peut le faire qu'en poursuivant l'accélération suicidaire de la course aux armements. Jusqu'à quoi?»

Un tel débat ne pourra être tranché dans les eaux bleues de Mururoa. C'est pourtant le seul, sans doute, dont dépende vraiment notre avenir collectif.